Collection « L'esprit économique »

fondée par Sophie Boutillier et Dimitri Uzunidis en 1996
dirigée par Sophie Boutillier, Blandine Laperche, Dimitri Uzunidis

Si l'apparence des choses se confondait avec leur réalité, toute réflexion, toute Science, toute recherche serait superflue. La collection « L'esprit économique » soulève le débat, textes et images à l'appui, sur la face cachée économique des faits sociaux : rapports de pouvoir, de production et d'échange, innovations organisationnelles, technologiques et financières, espaces globaux et microéconomiques de valorisation et de profit, pensées critiques et novatrices sur le monde en mouvement...
Ces ouvrages s'adressent aux étudiants, aux enseignants, aux chercheurs en sciences économiques, politiques, sociales, juridiques et de gestion, ainsi qu'aux experts d'entreprise et d'administration des institutions.

La collection est divisée en six séries :

Dans la série *Economie et Innovation* sont publiés des ouvrages d'économie industrielle, financière et du travail et de sociologie économique qui mettent l'accent sur les transformations économiques et sociales suite à l'introduction de nouvelles techniques et méthodes de production. L'innovation se confond avec la nouveauté marchande et touche le cœur même des rapports sociaux et de leurs représentations institutionnelles.

La série *Economie formelle* a pour objectif de promouvoir l'analyse des faits économiques contemporains en s'appuyant sur les approches critiques de l'économie telle qu'elle est enseignée et normalisée mondialement. Elle comprend des livres qui s'interrogent sur les choix des acteurs économiques dans une perspective macroéconomique, historique et prospective.

Dans la série *Le Monde en Question* sont publiés des ouvrages d'économie politique traitant des problèmes internationaux. Les économies nationales, le développement, les espaces élargis, ainsi que l'étude des ressorts fondamentaux de l'économie mondiale sont les sujets de prédilection dans le choix des publications.

La série *Krisis* a été créée pour faciliter la lecture historique des problèmes économiques et sociaux d'aujourd'hui liés aux métamorphoses de l'organisation industrielle et du travail. Elle comprend la réédition d'ouvrages anciens, de compilations de textes autour des mêmes questions et des ouvrages d'histoire de la pensée et des faits économiques.

La série *Clichés* a été créée pour fixer les impressions du monde économique. Les ouvrages contiennent photos et texte pour faire ressortir les caractéristiques d'une situation donnée. Le premier thème directeur est : mémoire et actualité du travail et de l'industrie ; le second : histoire et impacts économiques et sociaux des innovations.

La série *Cours Principaux* comprend des ouvrages simples, fondamentaux et/ou spécialisés qui s'adressent aux étudiants en licence et en master en économie, sociologie, droit, et gestion. Son principe de base est l'application du vieil adage chinois : « le plus long voyage commence par le premier pas ».

ÉCONOMIE PUBLIQUE
ET MÉTAMORPHOSES SOCIALES

5-7, rue de l'École-Polytechnique, 75005 Paris

http://www.editions-harmattan.fr

ISBN : 978-2-343-18586-6
EAN : 9782343185866

Gérard Duthil

Économie publique et métamorphoses sociales

L'Harmattan

Du même auteur :

Ouvrages :

« Les entreprises face à l'encadrement du crédit », Edition L'Harmattan, Coll. Logiques Economiques, 1990, (préface de M. le Professeur C. de Boissieu).

« Les politiques salariales en France », Edition L'Harmattan, Coll. Logiques Economiques, 1993, (préface de M. le Professeur W. Marois).

« Les métamorphoses de l'agriculture française », Edition L'Harmattan, Coll. Logiques Economiques, 1998.

« Le chômage des jeunes en Europe », - G. Duthil, E. Paquet-. Edition L'Harmattan, Coll. Logiques Economiques, 2000.

« Economie du travail et des ressources humaines », Edition L'Harmattan, Coll. Logiques Economiques, 2004.

« Progrès technique et marché du travail », Edition L'Harmattan, Coll. Logiques Economiques, 2006.

Manuels :

« Statistiques appliquées à l'économie d'entreprise », Edition L'Harmattan, Coll. Didactique des Logiques Economiques, 1990, (G. Duthil, D. Van Haecke).

« Les fondements de l'économie d'entreprise », Edition L'Harmattan, Coll. Didactique des Logiques Economiques, 1993, (G. Duthil, D. Van Haecke).

« Statistiques probabilistes appliquées à l'économie d'entreprise », Edition L'Harmattan, Coll. Didactique des Logiques Economiques, 2005, (G. Duthil, D. Gambier).

La critique des chefs d'Etat a toujours été de coutume en France. Elle pouvait être parfois très violente comme l'écrivait Victor Hugo le 3 décembre 1851, au lendemain du coup d'Etat de Louis Napoléon Bonaparte :

« Un homme vient de briser la Constitution, il déchire le serment qu'il avait prêté au peuple, supprime la loi, étouffe le droit, ensanglante Paris, trahit la République »

Introduction

Le système économique est souvent décomposé en deux grands secteurs, à savoir le secteur privé, dit marchand, et le secteur public dit non marchand. Le secteur privé est formé d'entreprises de type capitaliste dont l'objectif est de maximiser leur situation au travers du marché. Selon les théories classique et néoclassique, elles produisent et vendent des biens et services dans le seul but de faire du profit. A l'opposé, le secteur public, c'est-à-dire l'ensemble des administrations centrales et locales, gèrent un ensemble d'activités qui sont offertes gratuitement à la population. Sa finalité n'est donc pas le profit mais la recherche de l'intérêt général. Ainsi, la Défense Nationale ou l'Éducation Nationale représentent à la fois un coût important pour la société et une nécessité fondamentale pour chacun des agents économiques. De ce fait, la dépense publique représente aujourd'hui une forte part du PIB de la France (56,2% en 2017), ce qui provoque, de certains groupes politiques ou économiques, de fortes critiques à son encontre, insistant sur la nécessité de l'alléger.

Toutefois, le fonctionnement libéral d'une économie, même si ces bases sont théoriquement efficientes, présente un certain nombre de limites que nous allons essayer de présenter. Cette économie libérale est accompagnée aujourd'hui d'un troisième secteur (secteur mixte) dont le fonctionnement et la logique s'apparentent à une solution intermédiaire entre secteur privé et secteur public.

Au même titre qu'un individu, une société est confrontée à de nombreuses décisions comme la répartition des responsabilités des tâches, du revenu et des dépenses,... L'économie assure la gestion des ressources. Son rôle est important car les ressources sont, par définition, rares. Aussi cette gestion n'est pas assurée, dans une économie de marché, par une entité centrale unique, mais par les actions combinées de millions de ménages et d'entreprises. D'où l'importance, tant au niveau microéconomique qu'au niveau macroéconomique, que ces décisions soient les plus justes, les plus rationnelles et les plus efficaces possible.

Si la société regroupe un ensemble hétérogène d'individus, l'économie est soumise à un ensemble de décisions tout à fait hétérogènes, voire antagonistes, et devant déboucher à un résultat économique satisfaisant l'ensemble des participants.

Prendre une décision signifie arbitrer entre différentes options. Comme l'individu, la société (et notamment l'Etat) fait face à des arbitrages tels que les investissements pour un résultat futur (l'éducation, la santé, les réseaux de télécommunication) ou les dépenses de fonctionnement (salaires, dépenses de transfert,..). Une société est alors sans cesse confrontée à un arbitrage entre l'efficacité et l'équité. Si l'efficacité suppose que la société tire le meilleur parti de ses ressources limitées, l'équité signifie que les produits de ces ressources soient distribués de façon juste (équitable) entre les membres de la société. Or souvent, en élaborant ses politiques, l'Etat voit ces deux principes rentrer en conflit. L'existence de politiques sociales (transferts vers les plus en difficultés) nécessite des prélèvements sur les revenus des plus aisés. Mais, ces prélèvements risquent de réduire la production de biens et de services, le niveau global d'emploi et de travail et, finalement, de réduire les recettes fiscales. L'Etat doit alors comparer les coûts et les bénéfices des alternatives possibles.

Toutefois, dans de nombreux cas, les coûts liés à une politique sont difficiles à déterminer. Si le coût comptable est facile à évaluer, les coûts économiques et surtout sociaux sont plus difficilement évaluables. Par exemple, l'Etat décide d'accorder un transfert social fixe, noté t, à tous les individus, noté n, vivant au seuil de pauvreté, le coût total de cette mesure est égal à « n.t ». Cependant pour financer cette mesure, l'Etat doit prélever (ou s'endetter) davantage. Dans le cas d'un prélèvement, les ménages concernés vont devoir réduire leur consommation ou leur épargne, ce qui va avoir des effets indirects sur l'économie. Ils peuvent également réduire leur activité, considérant qu'ils sont trop taxés ; substituer leur activité de marché par une activité non officielle ; ou encore s'installer à l'étranger pour travailler. Les individus vont raisonner à la marge sous l'effet de ces incitations.

Or, les pouvoirs publics n'évaluent ex-ante que très difficilement les effets des politiques. Les politiques publiques changent les coûts et avantages auxquels les individus sont confrontés et, par conséquent, modifient leurs comportements. Une taxe sur l'essence encourage les automobilistes à acheter des voitures plus petites et plus économiques, à utiliser les transports en commun ou à se rapprocher de leur lieu de travail. Lorsque les décideurs publics échouent dans l'évaluation de l'impact de leur politique, ils obtiennent des résultats non désirés.

Pour exemple, le gouvernement d'Edouard Philippe décide, fin 2018, la mise en place d'une taxe de 2 centimes sur le litre de carburant permettant de financer la transition énergétique. Le coût pour les automobilistes était évalué à un demi-milliard d'euros par an. Suite cette taxe, un mouvement social (« les gilets jaunes »), a priori spontané et non coordonné, explose forçant le gouvernement à revenir sur cette mesure et à renoncer, du moins temporairement, à d'autres réformes de politique économique. Il est clair que le coût pour l'Etat est extrêmement important (10 milliards de transferts supplémentaires accordés aux moins aisés, -0,1 point de croissance sur le dernier trimestre 2018, une baisse des recettes fiscales et un niveau global d'emploi moindre).

Sur le plan social, elle marque une cassure définitive et sans précédent entre les citoyens et l'exécutif, une exacerbation des tensions dans la société avec des violences fortes et continues, une demande de prise en compte des attentes et revendications des citoyens, certes très hétérogènes et dispersées, voire contradictoires.

Même si parfois l'économie de marché est souvent critiquée parce qu'elle entraîne des inégalités fortes, elle reste un mode cohérent de fonctionnement de l'activité économique. Loin de nous l'idée qu'un centre de décision unique pourrait, à lui seul, organiser l'activité économique de façon à promouvoir le bien-être d'un pays. L'économie de marché s'est progressivement imposée à l'ensemble des pays car elle est apparue plus efficace que l'économie centralisée.

Une économie de marché est une économie qui alloue des ressources rares de façon efficace au travers de décisions d'une multitude de firmes et de ménages qui interagissent au sein des marchés de biens et de services. Ainsi, par un ensemble de décisions décentralisées et de décideurs égoïstes, l'économie de marché permet d'assurer un bien-être économique global par simple sommation des situations individuelles.

Même si l'Etat, dans certains cas, peut prendre des décisions impliquant des effets négatifs pour l'économie ;

il peut également améliorer les situations de marché. En effet, lorsque l'Etat empêche les prix de s'ajuster naturellement sur le marché (exemple les loyers de l'immobilier), il perturbe le comportement d'un certain nombre d'agents. La contrainte sur les loyers limite l'investissement en capacité de logement et, finalement, conduit à des loyers plus élevés lors de la sortie ou du relâchement de l'encadrement des loyers.

L'information donnée par les prix peut corriger efficacement les déséquilibres apparaissant sur les marchés. Cependant, l'Etat peut améliorer ponctuellement les situations. En effet, par la politique fiscale, il peut inciter la demande de logements d'habitation ou de location. Par la construction de logements dont le financement est bonifié par l'Etat (prêts à taux 0), il peut faciliter l'accession à la propriété pour des ménages peu aisés.

L'Etat doit également lutter contre les pouvoirs de marché et, notamment contre les monopoles qui ont la capacité, étant seul sur le marché, d'imposer leur prix. Cette lutte contre les pouvoirs de marché permet d'améliorer l'efficacité économique (les quantités échangées en concurrence sont plus élevées qu'en monopole) et la justice sociale (les prix sont plus faibles en concurrence et donc accessibles à un plus grand nombre de consommateurs).

Mais, cette lutte n'est possible que sur un territoire donné. Si le gouvernement français (tout comme l'Europe[1]) est capable de limiter les situations de

---

[1] Exemple, l'opposition de l'Europe face à l'alliance franco-allemande (Alstom / Siemens) pour la production de trains à grande vitesse, ce qui faisait du futur groupe un géant au niveau mondial. Cependant, la position de Bruxelles est dogmatique car les deux entreprises

monopole ou d'entente monopolistique pour des entreprises résidentes, il est dans l'incapacité de lutter contre les monopoles étrangers sur les marchés mondiaux. Cette situation peut apparaître extrêmement dangereuse lorsque le monopole contrôle notamment les sources alimentaires[2], des ressources brutes ou encore des sources informationnelles.

Enfin, l'Etat peut également être indispensable pour réduire les externalités négatives, c'est-à-dire l'impact sans contrepartie des actions d'une entité sur le bien-être d'un tiers ou d'un ensemble d'individus. Seul l'Etat peut imposer des règles et des contraintes vis-à-vis de la pollution des activités productives des entreprises ou de consommation des ménages. L'Etat peut également intervenir dans le cas où le marché serait lui-même défaillant pour produire des biens nécessaires à toute ou partie de la population, parce que celle-ci ne l'utiliserait pas assez fréquemment pour être produite et rentable ou parce qu'elle n'a pas la capacité financière pour l'utiliser ou qu'elle ne l'utiliserait pas si le bien était payant.

De la capacité d'une économie à produire efficacement dépend son niveau de vie. Plus la productivité d'une économie est élevée, plus le niveau de vie global et individuel progresse. Pour accéder à un niveau de vie élevé, l'Etat doit intervenir plus ou moins massivement

---

européennes vont devoir se confronter très vite au constructeur chinois.

[2] Exemple, la fusion entre Bayer et Monsanto (acceptée par la commission européenne) permet de contrôler les sources alimentaires et les engrais au niveau mondial. Ainsi, trois énormes groupes contrôlent actuellement les 2/3 du marché mondial des semences et des pesticides, ce qui peut avoir des conséquences sur les prix de vente aux agriculteurs et sur la sécurité alimentaire pour les consommateurs.

dans le système éducatif, par un plus grand accès à la technologie et à l'information, par des structures de santé, de transports, ... ces différents éléments renforçant la productivité individuelle et collective d'une économie. Dans les sociétés où l'Etat poursuit cet objectif et s'en ai donné les moyens, les économies se sont développées sur les moyen et long termes. Plus l'économie se développe et plus elle a besoin d'une entité planificatrice, coordonnant les activités d'une multitude de micro entités (productrices et consommatrices) et les protégeant de structures qui pourraient devenir prédatrices (exemple : préservation des droits de propriété).

Si les pays occidentaux, et notamment européens, ont connu une croissance et un développement important, c'est parce que l'Etat a joué ces différents rôles. De même, si la Chine étend son influence dans le monde aujourd'hui, c'est parce que l'Etat a des objectifs économiques et politiques à moyen et long termes, y consacre des moyens financiers considérables et évalue les retombées de ces investissements[3]. Ce serait une erreur fatale, pour les pays européens, d'affaiblir, voire de supprimer, les décideurs publics et de les remplacer par le marché. Le décideur public doit avoir une vision à long terme en dehors des critères de rentabilité immédiate alors que le marché n'a qu'une vision à court terme de profitabilité. L'Etat peut donc avoir l'exigence d'un principe d'efficacité sans renoncer au principe d'équité de traitement entre les

[3] Cf. « Les nouvelles routes de la soie » symbolisées notamment par la ligne de fret qui rejoint Wuhan à Lyon. « Ce train est stratégique parce qu'il marque l'intensification des échanges entre le continent européen et la Chine dans le cadre d'une relation de réciprocité » avait déclaré le premier ministre B. Cazeneuve lors de l'inauguration de la ligne en février 2017. Cette ligne fait partie d'un immense réseau planétaire de développement des échanges chinois.

individus participant au fonctionnement de la société. Le marché est à l'opposé parfaitement inégalitaire, sans être forcément injuste, puisqu'il paie les individus selon leur capacité à produire, à générer des profits,...

Toutefois, il ne faut pas confondre une société et une économie même si leur espace géographique est le même. Une économie crée du travail et aussi des chômeurs à travers les mécanismes de marché. Il peut y avoir exclusion de certains offreurs de travail dont la qualification est non adaptée aux besoins de l'économie. A l'inverse, une société, basée sur un nœud de contrats, sur un consensus global, ne peut exclure une partie de sa population sans risque de s'exposer à des tensions sociales ou à des révolutions, remettant en cause son évolution ou son existence. Dans ce cas, les citoyens voudraient reprendre, en quelque sorte, le pouvoir et décider des arbitrages que doit faire la société. L'un des canaux de reprise en main par les individus du devenir de la société pourrait être le tiers secteur.

En effet, depuis plusieurs décennies maintenant, un secteur est apparu et s'est développé, défini comme un élément d'économie mixte, c'est-à-dire se situant plus ou moins entre les deux autres secteurs. Ce tiers secteur ou secteur « non profit » dans la terminologie anglo-saxonne, est formé d'organisations, issues d'initiatives privées et dont le but est non lucratif. Ce secteur est dit aussi associatif, en étant composé d'associations. Il regroupe plus d'un million d'associations actives qui emploient un million et demi de salariés et mobilisent plus de treize millions de bénévoles.

L'apparition de ce troisième secteur est théoriquement surprenant puisque des types de structures existaient déjà et répondaient aux initiatives privées et publiques. Est-il apparu parce que le seul secteur privé était inefficace pour répondre à certains besoins de la collectivité ? Ou parce que l'Etat s'était retiré de certaines fonctions qui lui avaient été allouées auparavant ? Ou parce que cette dichotomie sectorielle laissait la possibilité à l'initiative privée de couvrir des besoins nouveaux qui n'étaient pas ni a priori rentables immédiatement ni intégrables dans la fonction d'intervention publique.

De là, il est intéressant de s'interroger sur le rôle de l'Etat dans une économie de marché et donc sur la relation « Etat / marché », ainsi que sur les relations entre, d'une part, le tiers secteur et le secteur public et, d'autre part, entre le tiers secteur et le secteur marchand.

Sommaire

- I -

Etat et gouvernants
dans une économie de marché

Le questionnement sur le rôle de l'Etat dans une économie de marché pose un certain nombre de questions comme pourquoi intervient-il dans l'économie ? Ou pourquoi intervient-il aussi massivement ? Pourtant, certaines théories concluent au rôle fondamental du marché par le « laisser faire, laisser passer » ou des analyses pouvant être résumées par : « trop d'Etat tue l'économie de marché ».

§ 1 - Une première approche du rôle de l'Etat

La relation Etat / marché est particulièrement complexe. J-P. Fitoussi (1995) pose le problème en termes d'équilibre des pouvoirs au sein de la société.

En effet, les économies de marché sont, en même temps, des démocraties politiques. Ces deux aspects sont absolument indissociables. Le fonctionnement de la société repose sur une dialectique permanente entre deux grands principes qui sont à la fois contradictoires et complémentaires, à savoir la logique du marché et la logique politique.

Le jeu du marché repose sur l'exercice d'un pouvoir de type censitaire[4] à partir d'une logique fondamentalement inégalitaire. Le pouvoir d'un agent économique est, sur le marché, proportionnel à sa capacité financière. Le

---

[4] Le pouvoir politique peut être défini également comme « capacitaire », désignant sa capacité à résister au pouvoir du marché, aux pouvoirs et pressions des sphères économiques et financières.

consommateur achète en fonction de ses moyens, ce qui fait que le marché est producteur de différenciation sociale. Cependant, cette forte différenciation apporte une forte incitation à l'effort individuel qui peut se retrouver dans une assertion du type « Travailler plus pour gagner plus ». Cela contribue au dynamisme de l'ensemble de la société et au dynamisme d'une économie de marché.

De l'autre côté, le jeu politique ou de la démocratie repose sur le principe du suffrage universel, c'est-à-dire un partage égalitaire du pouvoir entre tous les citoyens. Le principe de base de la démocratie est « un individu, une voix ». Le système démocratique assure ainsi la prise en compte des valeurs de solidarité au nom de l'unité de la Nation. Celle-ci est un contrat entre le pouvoir politique, les gouvernants et tous les individus qui doivent adhérer à la société dans laquelle ils vivent. Un consensus est forcément recherché au sein de cette organisation et permet de mobiliser chacun et tous pour un ou plusieurs objectif(s) fixé(s) préalablement dans le contrat.

Comme tout agent économique, l'Etat[5] doit arbitrer dans toutes ses décisions. L'un des arbitrages auxquels doivent faire face les pouvoirs publics, concerne l'efficacité et l'équité. L'efficacité suppose que l'économie doit tirer le meilleur produit de ses ressources qui, par définition, sont rares. L'équité signifie que le résultat de ces ressources utilisées est distribué de façon équitable entre les membres de la société. Ainsi lorsque les pouvoirs publics élaborent leurs politiques, ces deux objectifs entrent en opposition. Si nous considérons

---

[5] La notion d'Etat est à comprendre au sens large. En s'intéressant à toutes les formes de manifestation politique et économique d'une rationalité collective ; l'Etat est donc l'ensemble des administrations publiques centrales et décentralisées qui œuvre dans un but d'amélioration du bien-être global. L'expression la plus juste serait sans doute les pouvoirs publics.

l'exemple de politiques visant à atteindre une répartition plus équitable du revenu national. Dans un souci de justice, le système de protection sociale (assurance maladie ou assurance chômage) conduit à aider les membres de la société qui sont en grande difficulté. Mais, pour financer ses actions, l'Etat doit avoir des recettes. L'impôt sur le revenu ou certaines taxes et cotisations constituent le moyen financier soutenant cette action de l'Etat. Ainsi, ceux qui ont une situation financière plus aisée vont contribuer davantage que les autres à l'action de l'Etat. Cependant, alors même que ces politiques visent l'objectif de plus d'équité entre les membres de la société, elles ont un coût qui peut réduire l'efficacité de l'économie toute entière. En redistribuant le revenu global des plus aisés (ceux qui ont un emploi) vers les moins (ceux qui n'en ont pas), elles réduisent la rémunération du travail. Les « travailleurs » peuvent alors décider de réduire leurs activités et ainsi de produire moins.

De ce fait, il est important que chaque membre de la société accepte les termes du contrat qui les lient. Les plus aisés (et notamment les plus riches) doivent accepter de contribuer au soutien des plus défavorisés, mais ces derniers doivent, en contrepartie, montrer un effort soutenu de recherche du travail pour sortir de leurs difficultés présentes. La période actuelle montre des comportements contraires. Les plus riches des citoyens cherchent les moyens de se soustraire aux différents prélèvements soit en votant à pied (domiciliation dans un pays étranger) soit en contournant les lois et les règlements du pays (comptes à l'étranger non déclarés et « paradise papers »). De l'autre côté, une partie des plus en difficulté peuvent montrer un comportement très passif vis-à-vis de la recherche d'emploi. Pôle emploi dénombrait qu'une petite partie non négligeable, des chômeurs (environ 15% en novembre 2017) n'avait pas un comportement actif de recherche d'emploi. Il s'en suit que ces comportements non collectifs reportent le coût des politiques de soutien sur les classes moyennes. Ces dernières acceptent alors de moins en moins d'être considérées comme les « vaches à lait du système » et peuvent, à leur tour, remettre en cause ses fondements (exemple, les votes extrémistes ou « populistes »), même s'ils sont pourtant encore gagnants.

Cependant, ce sont les tensions et aussi les compromis possibles entre les logiques politiques et de marché qui assurent la cohésion dynamique de la société, dans son ensemble. Le marché, bien qu'inégalitaire, apporte le dynamisme à l'économie et la démocratie -égalitaire- apporte la cohésion ; ces deux grandeurs sont nécessaires pour le bon fonctionnement de la société, notamment à moyen et à long termes. Ainsi, la fonction de l'Etat est alors de gérer les compromis entre ces deux sources de pouvoir[6].

J-P. Fitoussi (1995) remarque que ce type de modèle a plutôt mieux fonctionné que d'autres tels que les démocraties populaires d'Europe de l'Est où les économies centralisées et planifiées ne laissaient aucune place au marché[7]. Elles fonctionnaient sur la base d'un principe unique : le pouvoir politique, sans recours à la dynamique du marché ; ce qui explique en partie leur échec à la fois politique et économique. De même, une

[6] Une Société peut être considérée comme un nœud de contrats où chacun trouve au moins des avantages à son appartenance tout en acceptant les contraintes que cela implique. (Cf. les théories des contrats et de l'agence développées notamment par Jensen, Meckling (1976) et Charreaux, Couret (1987)).

[7] G. Duthil (2012) « L'économie russe : entre déséquilibre et croissance retrouvée », Editions de l'Université de Lobatcheski, Nizni-Novgorod, 110 p, Russie

société, construite sur les seuls mécanismes de marché, s'apparenterait plutôt à une « jungle » où seuls les plus forts (les plus riches notamment) auraient un pouvoir sans contrôle, l'étendraient dans le temps et l'espace et, finalement, la conduiraient à une société sans espoir.

Dans cette perspective, il est clair que le jeu politique doit être clair, sans contournement ni asymétrie. Le gouvernement, représentant le parti élu ou l'idéologie plébiscitée, doit mettre en œuvre le programme sur lequel il a été élu. Dans le cas contraire, l'action des pouvoirs publics apparaît comme une tromperie pour la majorité des électeurs qui ont voté pour le programme et, finalement, comme une remise en cause du pouvoir démocratique. Ce fait qui peut être constamment répété pendant la durée de pouvoir, sera interprété par les électeurs comme une non prise en compte de leurs aspirations et aura des conséquences dans la vie politique : rejet des partis, du système électoral, suspicion de corruption vis-à-vis du secteur économique,… A terme, ces effets déstabilisent en profondeur le fonctionnement de la société toute entière développant les tensions sociales, les comportements individualistes ou encore de « cavaliers libres »[8]. L'exemple du quinquennat de François Hollande est assez révélateur à cet égard, avec en fin de mandat un taux record de non participation au système électoral.

§ 2 – Choix publics et choix de politique économique

La théorie des choix politiques montre que l'efficacité des politiques économiques menées par les pouvoirs publics, dans une démocratie, peut être remise en cause par la prise en compte par les hommes politiques de la satisfaction des aspirations du plus grand nombre

---

[8] La notion de « cavalier libre » (free rider) est développée par V.M. Olson (1965), « *Logique de l'action collective* »

d'électeurs. En effet, pour les partisans de cette théorie, conditionner l'action de l'Etat à ce type de critère conduit à choisir des options de politique économique peu ou moins efficaces puisque l'option dépend des préférences exprimées individuellement et collectivement par les agents économiques. Ces derniers vont effectuer un arbitrage entre différentes options potentielles en fonction des coûts qu'ils peuvent subir et des avantages qu'ils en retirent. L'arbitrage est également temporel et tenir compte de la préférence pour le présent des électeurs et des hommes politiques. Ainsi, plus on se rapproche d'une échéance électorale, plus les politiques optent pour des actions qui ont des effets à court terme et positifs pour le plus grand nombre. Cependant, chaque option a des implications positives ou négatives pour les différentes catégories d'agents. Les gouvernants vont tendre vers l'option politique qui correspond à l'optimum de l'électeur médian.

Dans ce schéma où coexistent deux secteurs politique et économique, le gouvernement, représentant le(s) parti(s) au pouvoir, est censé maximiser son utilité sous contrainte(s). L'utilité provient de sa capacité à mettre en œuvre son programme dans le but d'optimiser le bien-être des agents économiques. Le gouvernement choisit entre différents instruments de politique économique en tenant compte de l'impact de leur utilisation sur les différentes catégories d'agents en termes d'inflation, de chômage, de croissance des revenus disponibles après les prélèvements fiscaux et les transferts sociaux, ... Les contraintes sont alors de deux ordres. Une contrainte politique ou de réélection qui est exprimée par l'indice de popularité évalué par les sondages. Cet indice est fonction des résultats économiques suite aux actions menées d'une part et du charisme, de la sincérité des gouvernants d'autre part. Une contrainte budgétaire définit la nécessité d'ajuster les dépenses de l'Etat en fonction des prélèvements acceptables par l'ensemble des agents économiques. Elle peut également définir la plus ou moins grande autonomie du gouvernement en termes d'action ou de réaction face aux évolutions socioéconomiques en intégrant les règles de déficit imposées par l'Europe. Elle est alors limitative de l'idéologie des gouvernants. Par exemple, la nécessité d'une production électrique conséquente et la longueur temporelle du processus de transition énergétique limitent la volonté du ministre de la transition écologique d'arrêter une centrale nucléaire « obsolète » et présentant des risques potentiels d'incident.

Ainsi, C. André et R. Delorme (1983) ont schématisé les interactions entre les sphères politiques et économiques dans la définition des choix de politique économique des pouvoirs publics (Cf. tableau 1).

Tableau 1 : les interactions entre les secteurs politique et économique

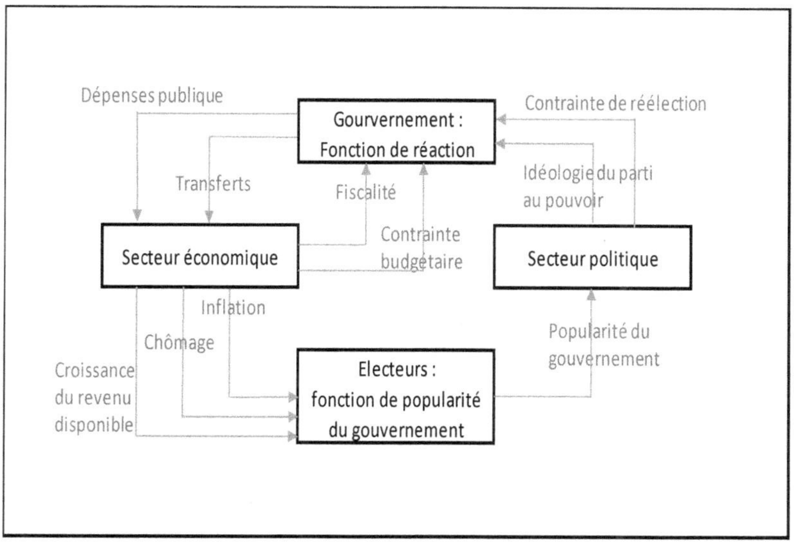

Le gouvernement met en œuvre une politique en fonction de ses objectifs et de son idéologie. Cependant, il doit revoir éventuellement sa politique en fonction des résultats et de l'évolution de son indice de popularité. Le secteur politique fait pression sur le gouvernement pour « adoucir » ou « durcir » la politique menée en fonction du cycle électoral.

§ 3 – L'Etat : créateur du cycle

Les politiques, à la tête de l'Etat, peuvent créer des cycles à partir d'un de leurs objectifs qui est d'être réélus. Pour ce faire, ils vont tenter de manipuler le cycle économique juste avant les élections pour montrer les bons fondements et résultats de la politique suivie et à suivre au-delà de l'élection. Ainsi, par les actions menées, ils créent un cycle économique sachant qu'après les élections, ils mettront en place les politiques opposées qui viseront à réduire les effets de l'action initiale préélectorale. Le schéma du cycle politique a été décrit, pour la première fois par K. Rogoff (1988) à propos de l'élection du républicain R. Nixon qu'il qualifie de « héros du cycle politique ». En effet, R. Nixon avait augmenté les prestations sociales de 20% juste avant les élections dans le but d'avoir le soutien des classes les moins aisées. Cette action de relance économique avant les élections avait pour but d'atténuer les tensions et favoriser l'adhésion des électeurs au programme du candidat (Cf. Tableau 2).

W.D. Nordhaus (1975) a théorisé l'attitude des politiques et des électeurs. Il pose que les électeurs sont naïfs, c'est-à-dire qu'ils n'ont pas conscience de la stratégie électorale des hommes politiques avant les élections. Les électeurs vont être influencés par la conjoncture économique au moment du vote et non pas par les résultats économiques de la période entière du mandat. De plus, s'ils découvrent la manipulation mise en œuvre avant l'élection précédente, ils continuent à se laisser manipuler aux élections suivantes. L'électeur peut être considéré comme hypnotisé ou myope.

Tableau 2 : Cycle électoral et cycle économique

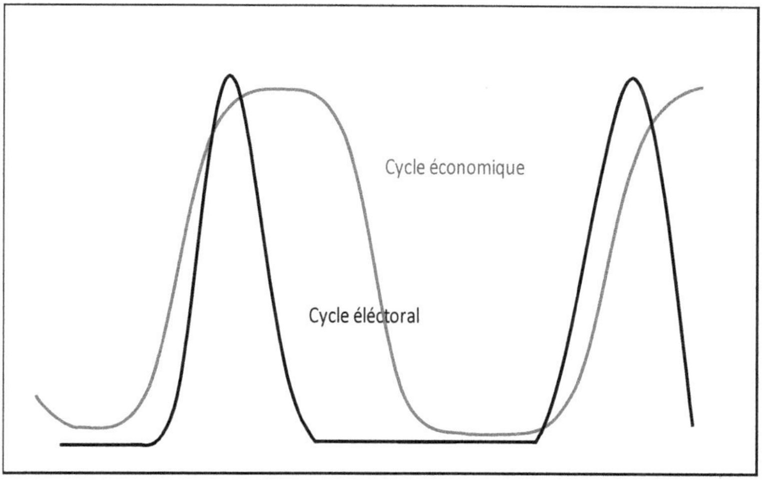

Ainsi, ce comportement opportuniste de l'homme politique le conduit à créer de cycles conjoncturels, relançant l'activité juste avant les élections pour réduire le chômage, afin d'être réélu et la ralentissant juste après pour réduire les tensions inflationnistes créées par la relance passée.

L'hypothèse de naïveté et de myopie de l'électeur est la source de toute critique de cette analyse[9]. Cependant, la naïveté de l'électeur peut être exploitée différemment pour assurer son élection ou la non élection d'un autre candidat. Le parti au pouvoir peut alors montrer toutes les

[9] Le modèle développé par R. Lucas (1995) intègre l'hypothèse de rationalité des électeurs et atténue ainsi l'arbitrage possible entre les objectifs finals de la politique économique (inflation/chômage) et la correspondance entre cycle politique et cycle économique.

conséquences négatives du choix du candidat opposé pour susciter la peur des électeurs. Ces derniers vont ainsi voter sans enthousiasme pour le parti au pouvoir ou faire un non choix en ne votant pas. Le candidat peut aussi compter sur sa personne (jeunesse, dynamisme, charisme,..) et non pas sur son programme. En l'occurrence, le programme du jeune candidat E. Macron était peu détaillé et donc peu évaluable ni ex ante ni a posteriori.

Dans ces cas, les électeurs ne se sentent plus motivés ou aptes à choisir entre deux conceptions, la démocratie s'affaiblit par un faible nombre de participants à l'élection, réduisant ainsi la légitimité du parti au pouvoir et par une faible adhésion ultérieure à la politique suivie. A l'élection présidentielle française de 2017, alors que le Président E. Macron est élu avec un peu moins des deux tiers des votants exprimés (66.06%), il n'obtient en réalité le vote que de 43.6% des inscrits sur les listes électorales. Il n'a donc été élu que par un peu plus de quatre français sur dix. Ce constat a deux implications. La première, il ne représente pas la majorité des français. La deuxième, sa popularité ne peut être qu'inférieure à ce taux puisqu'à peine élu, un homme politique perd une partie de son électorat. En septembre 2019, seuls 30% des français étaient satisfaits de la politique suivie.

Tableau 3 : Résultats du deuxième tour de l'élection présidentielle de 2017

Inscrits	47 568 693	100,00%
Abstentions	12 101 366	25.44%
Votes blancs ou nuls	4 085 724	8.59%
Votes E. Macron	20 743 128	43.61%
Votes M. Lepen	10 638 475	22.36%

Source : Ministère de l'Intérieur

Les résultats des élections législatives de 2017 montrent davantage le faible enthousiasme de l'opinion publique vis-à-vis des idées présidentielles, voire même la méfiance. En effet, les abstentions (57.4%) et les nuls et blancs (4.2%) au deuxième tour représentaient plus de 60% des inscrits sur les listes électorales. Le mouvement présidentiel (LREM) n'obtenait que 16.5% des inscrits, mais 306 sièges et donc la majorité à la chambre des députés avec 52.7% des sièges. Ce résultat « exceptionnel » permet donc à ce parti de gouverner sans partage et sans débat, aboutissant à un affaiblissement de la démocratie. Toutefois, cette dernière aurait pu être renforcée si le parti au pouvoir avait fait une politique large s'appuyant sur les aspects positifs développés dans les programmes des autres partis et donc en recherchant une adhésion post-électorale de leurs électeurs. Mais, cela suppose que les politiques d'opposition n'aient pas de comportement opportuniste, donc individualiste. Cependant, il s'avère notamment que l'absence de participation des citoyens aux élections arrange le parti au pouvoir qui se sent de fait moins contraint.

T. Persson et G. Tabellini (1990) développent un modèle où les électeurs considèrent la compétence du gouvernement comme une variable aléatoire. Ils ne connaissent donc pas la réelle compétence à gouverner de l'homme ou du parti politique mais font une estimation de celle–ci (probabilité sur sa compétence). En référence à la politique passée et à ses résultats en termes de chômage et d'inflation, les électeurs en déduisent la compétence du gouvernement. Cependant, la réelle compétence du gouvernement peut changer d'une période à l'autre ; les électeurs ne peuvent s'en rendre compte qu'a posteriori. De plus, si les politiques cherchent tous à montrer leurs compétences, les bons veulent se différencier des incompétents qui veulent se faire passer pour compétents. Ainsi, ceux qui ont déjà gouverné insistent sur leurs résultats (positifs) passés, leur donnant un avantage dans le cycle électoral.

Ces derniers font alors une politique de relance juste avant les élections pour montrer la réussite de leur mandat. Ils peuvent également tricher en recherchant à modifier les résultats obtenus par la politique menée comme par exemple, provoquer une baisse artificielle du chômage. Quelques mois avant les élections de 2017, le gouvernement de M.. Valls a lancé un grand programme de formations courtes (500 000) permettant de réduire très ponctuellement le nombre de chômeurs en les faisant basculer de la population active à la recherche d'emploi vers la population inactive.

Cette manipulation s'est accompagnée d'un nombre croissant de radiations de chômeurs, n'étant pas actifs dans la recherche d'emploi. Cette action repose bien sur l'hypothèse de naïveté du corps électoral, même si ce gouvernement cherchait à montrer sa compétence et l'atteinte de ses objectifs. Toutefois, l'électeur est aujourd'hui moins naïf en étant plus formé et informé. De même, il peut se référer aux expériences passées, électorales et de gouvernement, pour juger les politiques et fixer leurs décisions de vote ou de non vote.

En supposant que les électeurs soient parfaitement rationnels, ils peuvent être confrontés à une asymétrie d'information. En effet, ils n'ont pas une parfaite connaissance ni des programmes des candidats, ni des comportements futurs des hommes politiques après leur (ré) élection. Les électeurs ne possèdent donc pas toute l'information nécessaire pour voter, alors que les candidats connaissent les réformes nécessaires et les idées essentielles sur lesquelles vont se retrouver une majorité des électeurs. Ainsi, les politiques tirent, de cette asymétrie d'information, un avantage dans le jeu pré-électoral.

De ce fait, ce sont les politiques les plus compétents qui manipulent le plus efficacement le choix des électeurs et deviennent à l'origine du cycle économique. Cependant, le système électoral est alors inefficace puisque le meilleur candidat est élu mais au prix de la création d'un cycle économique.

Le modèle peut être légèrement modifié et construit en introduisant les préférences idéologiques. Dans les schémas précédents, les hommes politiques déterminent leur programme politique pour gagner les élections. Mais, les politiques, motivés par leurs préférences idéologiques, vont tenter de gagner une élection de façon à appliquer leur programme politique. Ainsi, ils créent un cycle économique postérieur au cycle politique.

Les modèles, fondés sur les préférences idéologiques, montrent que les hommes politiques, imprégnés d'une idéologie forte, veulent gagner l'élection pour mettre en œuvre leur politique. Ainsi, la mise en application de leurs préférences crée un cycle économique indépendant du cycle électoral (relance ex-ante et récession ex-post). Le cycle économique sera postérieur au cycle politique.

En partant de la courbe de Phillips, il est possible de différencier les gouvernements qui ont pour objectif final la lutte contre le chômage (politique de croissance) au prix d'une inflation plus élevée et ceux qui ont pour objectif ultime la lutte contre l'inflation (politique de stabilisation, voire restrictive) au prix d'une croissance du chômage. C. Hibbs (1977) constate que, dans les pays de l'OCDE, les partis de gauche mènent des politiques de lutte contre le chômage et les partis de droite (libéraux ou conservateurs) des politiques de contrôle de l'inflation[10].

C. Hibbs (1977,1987) différencie les programmes politiques à partir des catégories sociales qui les soutiennent. Ainsi, les programmes de gauche sont soutenus par les classes moyennes et ouvrières. Les programmes visent donc à soutenir les actions de maintien et de création de l'emploi pour lutter efficacement contre le chômage. Alors que les programmes de droite sont soutenus par les classes supérieures et les rentiers. Pour eux, l'inflation est un facteur de détérioration des revenus et des patrimoines financiers. Ils vont soutenir des politiques anti-inflationnistes.

Au total, il remarque que lorsque la droite est au pouvoir, le gouvernement, issu de cette formation politique, suit une politique de lutte contre l'inflation, avec des conséquences plutôt récessionnistes. Lorsque la gauche est au pouvoir, le gouvernement mène des actions visant à relancer l'activité (la croissance), afin d'accroître l'emploi et réduire le chômage[11].

Cependant, le modèle peut être reformulé en ne fondant plus l'étude du cycle politique sur le menu de politique économique issu de la courbe de Phillips. Les agents économiques étant rationnels, l'inflation acceptée par les gouvernements de gauche est anticipée par tous les agents économiques et n'a donc aucun effet sur le marché du travail. A Alesina (1987) montre que le résultat de l'élection représente toujours une surprise puisqu'il ne peut être parfaitement prévisible. Cette surprise est toujours à l'origine de tensions inflationnistes qui génèrent

---

[10] M. Bacache Beauvallet (2008), « Les cycles politiques », Idées économiques et sociales, vol.151, n°1, pp.10-17.

[11] Cette constatation s'appuie sur la relation d'A. Okun (1962) qui décrit une relation linéaire empirique et inverse entre le taux de croissance du PIB et la variation du taux de chômage.

soit une reprise économique soit un mouvement de récession. Ainsi, après l'élection commence le cycle économique, puisque quel que soit le résultat de l'élection, il apparaît comme une surprise par rapport aux anticipations. En cas de victoire de la gauche, sa politique conduira à l'acceptation d'un taux d'inflation supérieur au taux anticipé par les électeurs qui était issu d'une moyenne des taux d'inflation souhaités par la gauche et la droite pondérés par la probabilité de réussite à l'élection de chacun des partis.

De ce fait, avec un gouvernement de gauche, le taux d'inflation observé est plus élevé que le taux anticipé, alors le taux de croissance de l'économie sera plus fort et le taux de chômage moins fort que prévu. En revanche, si la droite est élue, les effets inverses sont observés. Ce cycle politique[12] a donc des effets négatifs puisque la gauche supporte le coût d'une inflation inutilement haute et la droite supporte un taux de chômage plus élevé que le taux naturel, dû à des effets de récession liés au cycle.

Toutefois, ces développements montrent que plus les résultats de l'élection sont inattendus et plus l'ampleur du cycle est importante. De même, économiquement, il y a un intérêt à avoir une constance des gouvernements sur un ou plusieurs mandats car plus la gouvernance d'un Etat est stable et plus les impacts économiques, liés aux manipulations et anticipations préélectorales, sont faibles.

En France, les relations entre le cycle politique et le cycle électoral sont beaucoup plus difficiles à cerner car il est rare que le parti élu réalise effectivement son programme. D'ailleurs, P.Y. Hénin (1987) soulignait le paradoxe suivant dans la politique économique suivie dans

---

[12] M. Bacache Beauvallet (2008), « Les cycles politiques », Idées économiques et sociales, vol.151, n°1, pp.10-17.

les années 1975-1985 : « La contestation de l'indexation salariale ne viendra pas de la droite libérale, sous l'influence du monétarisme, ce courant estime perverses les tentatives de l'Etat pour s'opposer réglementairement à des pratiques salariales jugées inflationnistes, alors qu'une gestion monétaire suffisamment stricte contraindrait spontanément les agents décentralisés à la modération dans la formation des revenus nominaux. Ce sont au contraire les courants keynésiens réformistes qui sont soucieux, dans le cadre des politiques de revenu, d'éviter une dégradation des conditions d'arbitrage entre inflation et chômage ».

Un deuxième paradoxe peut être évoqué en étant résumé de la façon suivante : Les processus démocratiques sont plus respectés par la droite libérale que par la gauche réformiste. Un gouvernement, élu par la majorité des français, reste soumis à la pression de la rue. Lorsqu'un gouvernement de droite d'A. Juppé souhaite remettre en cause des acquis sociaux (l'existence d'un smic unique en 1996 par l'introduction d'un smic jeune), il y renonce sous la pression des manifestations.

Cependant, le smic est définitivement remis en cause en 2000 avec la loi sur l'aménagement et la réduction du temps de travail par le gouvernement de L. Jospin par l'introduction d'un taux de salaire minimal horaire. Deux smic apparaissent un smic calculé sur 39 heures, pour les salariés recrutés avant la loi et l'autre sur 35 heures rémunérées au taux minimal horaire. Cette refonte du coût minimal du travail n'est nullement remise en cause et pourtant introduit un smic « premier emploi » sur le marché du travail. La gauche bénéficierait d'un aveuglement social du peuple, des syndicats,... vis-à-vis des politiques menées.

F. Mitterrand a été le véritable initiateur de ces manipulations qui vont au-delà du cycle électoral. En 1981, il est élu Président de la République avec une majorité socialiste et communiste. Logiquement, il prend un homme de gauche, P. Maurois, pour chef du gouvernement. Naturellement, le premier ministre fait une politique de relance économique (déjà menée par J. Chirac en 1975). Même si le chômage a été réduit conjoncturellement par ces deux politiques, l'échec important et rapide de la politique de P. Maurois est constaté. En effet, les tensions inflationnistes sont très importantes dès 1982, entraînant une détérioration de l'équilibre commercial extérieur et une dépréciation forte et répétitive de la valeur de la monnaie, sans finalement d'amélioration de l'emploi.

Tableau 4 : Quelques données économiques entre 1979 et 1983

	1979	1980	1981	1982	1983
Taux d'inflation (%)	10,8	13,6	13,4	11,8	9,6
Solde commercial (1)	-5.6	-15.0	-14.8	-23.3	-15.7
Taux de change : DM/FF	2,31	2,35	2,56	2,84	3,06
Taux de chômage (%)	5,2	5,9	6,9	6,9	7,3

(1) en milliards d'euros

Source : INSEE, Tableau de l'économie française, éds 2016

La détérioration de la compétitivité des firmes sur le marché conduit le gouvernement a changé de politique économique. L'objectif final de lutte contre le chômage est abandonné pour une lutte contre l'inflation. En 1983, P. Maurois est remplacé par L. Fabius qui va mener une politique restrictive et de dérégulation des marchés (politique libérale forte).

La question qui peut être posée, est la suivante : le changement de nature de la politique sous F. Mitterrand vient-il d'une constatation directe de l'impossibilité de continuer une politique de gauche (constat d'échec et changement de stratégie) ou d'une volonté de montrer le coût exorbitant de cette politique pour changer radicalement la politique et les objectifs suivis, en affaiblissant délibérément l'opposition politique venant de sa gauche radicale ?

Toutefois, la stratégie de F. Mitterrand pouvait être marquée par une volonté politique de favoriser les relations européennes (Union politique et économique) au détriment de l'échelon national. Sa volonté était sans doute d'arriver à une confédération, entité juridiquement souple mais économiquement unifiée, avec une monnaie unique[13].

Quoiqu'il en soit, les tensions inflationnistes ont été progressivement réduites, le solde commercial diminué et le taux de change stabilisé. Mais le chômage s'est envolé.

Il faut attendre 1988 pour percevoir les résultats positifs en termes de chômage de la politique de lutte contre l'inflation. Cependant, en 1987, année préélectorale, le gouvernement desserre les contraintes de sa politique restrictive pour être réélu. Le taux d'inflation s'élève légèrement en 1987, passant de 2,7% à 3,1%, et le taux de chômage diminue en 1988, passant de 9,1% à

[13] C. Zorgbibe (1993), « *Histoire de la construction européenne* », p.319

8,5%.[14].Cette transition dans la politique économique redonnait plus de poids aux mécanismes de marché. Dans le même temps, la politique suivie par les divers gouvernements sous F. Mitterrand (vague de nationalisation en 1981 et de dérégulation des marchés à partir de 1983) a permis de refinancer les grandes entreprises françaises qui se sont désendettées, ont gagné en compétitivité et se sont développées sur les marchés nationaux et étrangers.

Tableau 5 : Quelques données économiques entre 1984 et 1988

	1984	1985	1986	1987	1988
Taux d'inflation (%)	7,4	5,8	2,7	3,1	2,7
Solde commercial	-13,7	-15,8	-7,6	-12,4	-14,4
Taux de change : DM/FF	3,10	3,10	3,15	3,20	3,32
Taux de chômage (%)	8,8	9,3	9	9,1	8,5

Source : INSEE, France métropolitaine.

Au total, ces manipulations politiques, ces non-dits et ces volte-face politiques n'améliorent pas le fonctionnement démocratique d'une société. Au contraire, elles affaiblissent, voire fragilisent, à la fois la démocratie

[14] G. Duthil (1992) « Le retour à l'ère concurrentielle sur le marché du travail » Thèse de l'université d'Orléans, publiée sous :
« Les politiques salariales en France », L'Harmattan, 1993
« Economie de l'emploi et des ressources humaines », l'Harmattan, 2006.

et l'Etat lui-même. Ce dernier s'en remet alors au marché pour limiter les conséquences négatives de ces actions plus ou moins rationnelles.

§ 4 –Etat, corruption et marché

La corruption peut s'analyser à partir de l'existence d'une rente. Celle-ci se définit comme le versement de nature monétaire ou réelle, par un agent corrupteur à un agent qui devient corrompu. Le choix d'accepter l'offre de corruption résulte d'un arbitrage entre les coûts et les avantages de l'échange par le corrompu[15].

Une rente peut être licite lorsqu'elle correspond à une rémunération d'un facteur dit « rare » qui est bien supérieure à la rémunération courante sur le marché compte tenu de la performance globale du facteur.

Par exemple, supposons un homme politique qui a été longtemps au pouvoir (Président ou Premier Ministre). Pendant cette période de pouvoir, il a fondamentalement réformé le système économique (abaissement des taxes sur les profits, protection de certains secteurs ou dérégulation des marchés au profit des grandes entreprises,…) ou le système social (droit du travail, système de retraite, de santé, d'éducation,..). Fort de cette expérience au service de l'Etat, il propose auprès de certaines grandes entreprises ou de certains Etats, des services de conseil facturés à des niveaux hors marché (100 000 à 250 000 USD la conférence). Ce tarif correspond bien à une rente, située bien au-delà du prix du marché et permet à l'homme politique de s'enrichir très vite. L'exemple de Tony Blair (chef du parti travailliste !) est intéressant à cet égard. Il a été premier ministre de 1997 à 2007 en Grande Bretagne. Son patrimoine, faible à la fin de son mandat politique, est

---

[15] Cf. J.D. Lafay (2016), « Economie politique de la corruption », Revue internationale et stratégique, vol.101, n°1, pp.91-99.

estimé à 85 millions d'USD en 2015. Il s'accroît de 5 à 7 millions par an, grâce à ses activités de conseils sur des investissements miniers ou pétroliers à de grandes entreprises ou des conseils stratégiques en sécurité ou en gouvernance à des Etats,... Onze ans après son retrait de la vie politique, quels conseils, facturés aussi chers, peut-il apporter à ces entreprises et pays alors que l'environnement économique s'est complètement transformé ? Pourquoi ces entités acceptent-elles de payer aussi chèrement ces consultations ? Mais sans doute, T. Blair prodigue-t-il encore des conseils en faisant jouer toutes ses relations ![16]

Mais, la rente peut être également illicite lorsqu'elle correspond à un versement qui ne correspond pas à la tâche réelle effectuée par la personne ou l'organisme. Ces versements se traduisent par des transactions réelles ou fictives permettant de contourner la loi ou la réglementation en échange d'un partage des gains. Supposons un député maire qui souhaite le développement de sa ville. Il demande à un architecte urbain de revoir l'organisation du centre de sa ville pour sa modernisation. Le cabinet d'architecture passe un contrat avec la ville moyennant un budget important pour les études et la rénovation urbaine. Première question : Y-a-t-il eu un appel d'offre ? Si non, le risque de détournement de procédure et de conflits d'intérêts est possible. Peu après, le cabinet prestataire trouve un terrain constructible et y élève une maison pour le compte du député maire. Deuxième question : Les coûts sont-ils correctement estimés ? En cas de sous-estimation des coûts de construction, la facturation sur des fonds publics a-t-elle

---

[16] https://www.lesechos.fr/27/06/2007/lesechos.fr/300183245_le-bilan-ambivalent-de-tony-blair.

servi à payer une partie de la maison ? Dans ce cas, il y a eu détournement de fonds publics. Le député maire, satisfaits des services rendus par l'architecte à la collectivité, demande en remerciement la légion d'honneur pour ce prestataire de services. Troisième question Cette légion d'honneur est-elle le résultat de petits services rendus entre deux personnes ? Nous voyons donc, à travers cet exemple, quelques possibilités de corruption dans la vie politique.

Cette corruption peut se manifester également par l'élévation de quotas ou de barrières à l'entrée dans un secteur d'activité permettant l'attribution d'un monopole ou la préservation d'une situation d'oligopole ou encore d'un versement d'une subvention injustifiée, des emplois fictifs,... La corruption, dans la sphère politique, s'explique également par la forte proximité entre la politique et le marché. Il est alors difficile de discerner précisément ce qui relève d'une action licite ou d'une illicite. Mais, il convient de remarquer que lorsqu'une « affaire » est révélée à tort ou à raison, le temps de son traitement juridique est extrêmement long avec un coût très élevé pour l'Etat et la sanction apparaît souvent faible ou insignifiante. Ceci peut faire renoncer l'Etat à faire appliquer la loi.[17]

---

[17] Abus de biens sociaux
http://www.rtl.fr/actu/conso/condamnation-de-kucheida-tout-savoir-sur-l-abus-de-biens-sociaux-
Corruption et Abus de biens sociaux
http://www.rtl.fr/actu/debats-societe/soupcons-d-achat-de-votes-a-corbeil-essonnes- http://www.liberation.fr/checknews/2018/05/29/le-proces-pour-achat-de-voix-a-corbeil-essonnes-aura-t-il-lieu?
Carlton de Lille
https://www.lemonde.fr/police-justice/article/2018/03/02/epilogue-de-l-affaire-du-carlton-de-lille-la-condamnation-civile-de-strauss-kahn-annulee-en-cassation

Cependant les conséquences du développement de la corruption tant au niveau politique qu'économique sont importantes. Les effets économiques sont nombreux. La corruption accroît les coûts de production des entreprises qui doivent accepter des surcoûts dans l'utilisation des facteurs (exemple, emplois « fictifs » d'anciens politiques dans les entreprises). Ces entreprises, subissant l'élévation des coûts et donc de leurs prix, peuvent perdre des marchés. Ce fait entraîne une perte de bien-être pour les consommateurs qui paient plus chers les produits et réduisent leur consommation. De plus, ces agents (consommateurs ou producteurs) peuvent subir des prélèvements en impôts et en taxes plus importants pour financer le coût de fonctionnement des administrations locales si la corruption s'y développe.

L'Etat en est également victime puisque les recettes fiscales sont réduites à la suite de fraudes fiscales, de plus faibles prélèvements sur les bénéfices des entreprises, d'un plus faible niveau de chiffre d'affaires... alors que les coûts de l'Etat dus à la corruption peuvent s'accroître.[18]

De plus, la corruption modifie les comportements des agents économiques privés. Quand la corruption est constatée au niveau de l'Etat, les agents privés auront moins de scrupules à la développer à leur niveau, surtout s'il n'y a pas de répression suffisante. Elle devient un mécanisme presque « naturel » qui s'étend progressivement et segmente la société entre ceux qui peuvent corrompent ou être corrompus et ceux qui ne le

---

[18] Conflits d'intérêts
https://www.mediapart.fr/journal/france/dossier/politique-et-conflits-dinterets
http://www.liberation.fr/france/2017/03/21/bruno-le-roux-24-cdd-et-une-demission

peuvent pas ou n'ont pas les moyens. Elle pousse donc les agents à rechercher une rente illicite plutôt que licite. La corruption freine le développement de l'économie en dissuadant les innovateurs de créer des activités nouvelles ou de développer les activités existantes qui sont de ce fait moins performantes.

§ 5 – L'affaiblissement de l'Etat face au marché

Ainsi, par la distinction entre la rationalité collective et la rationalité individuelle, il est fait référence à la dialectique « Etat / marché » puisque l'Etat représente le collectif et le marché l'individu, certes en nombre presqu'infini. L'analyse de cette relation est d'autant plus complexe qu'elle est instable. Elle évolue, dans le temps, en fonction d'une multitude de facteurs.

La relation Etat/marché évolue, au niveau national, en fonction des aléas de la conjoncture économique et des modifications structurelles qui en découlent. Lorsqu'une économie est dynamique, crée de la valeur ajoutée et des emplois, l'Etat intervient pour redistribuer plus amplement entre les différents groupes sociaux. Il prélève sur les salaires et les profits et redistribue pour accroître la demande (les « trente glorieuses »). L'Etat domine le marché qui accepte cette prédominance.

Cependant, à partir du moment où une crise économique s'installe de façon durable, l'action de l'Etat est remise en cause par les décideurs privés qui rejette sur l'Etat la responsabilité de la crise et pousse l'Etat à faire une autre politique bien moins favorable aux salariés. La « désindustrialisation » de nos économies a fait perdre aux Etats certains de leurs instruments traditionnels d'intervention économique. Les politiques de relance de la demande sont rendues partiellement inefficaces. En parallèle, la « tertiarisation » des économies exige davantage de flexibilité dans la gestion de l'offre. Le marché dominant l'Etat, ce dernier devient soumis aux exigences des investisseurs. Une régression sociale, plus ou moins forte, est subie par les ménages alors que la part des profits dans le PIB s'accroît, et notamment lorsque la croissance est retrouvée.

Tableau 6 : Salaires / Valeur Ajoutée[19] en %
en France sur longue période

1950	1960	1970	1974	1978	1980
67.0	67.8	70.8	69.8	73.0	73.9
1982	1983	1984	1985	1986	1987
75.2	75.1	74.9	73.4	72.1	68.2
1989	1990	1995	2000	2010	2015
65.9	66.2	65.4	65.1	66.8	nd

Source : Comptes nationaux, INSEE, base 2005

Depuis les années 1960, la part salariale a connu en France quatre grandes périodes d'évolutions très contrastées.

- Jusqu'à la crise pétrolière (1973), la part salariale fluctue autour de 70%. La période de forte croissance permet un taux de chômage faible ; les salaires augmentent et les gains de productivité maintiennent les profits des entreprises.

- De 1974 à 1982, les salaires indexés sur l'inflation augmentent plus vite que les autres éléments de la valeur ajoutée. Conjugué au ralentissement économique lié à la crise, la part salariale progresse de 5 points.

[19] La valeur ajoutée est constituée des salaires bruts, notés SB, (cotisations salariales et patronales) et de la rémunération du capital, notée RK. Ainsi : VA = SB +RK ; en divisant par la valeur ajoutée, on obtient 1 = s +r ou 1 – s = r montrant l'antagonisme entre les deux parties. Plus la part salariale (s) est élevée, plus la rémunération du capital (r) est faible, et inversement.

- De 1983 à 1988, la part salariale s'effondre de près de 10 points ce qui se traduit par une réallocation de la valeur ajoutée vers le capital. Le changement d'objectif final en 1982 et la modération salariale explique grandement ce phénomène.

- Depuis les années 1990, la répartition de la valeur ajoutée entre salaires et profits reste relativement stable (65% pour le travail et 35% pour le capital). Cependant, cette relative stabilité cache une autre évolution structurelle dans la répartition de la valeur ajoutée entre les salariés et les entreprises. La baisse des cotisations patronales est compensée par la hausse des cotisations salariales, entraînant une détérioration de la situation des salariés (baisse du pouvoir d'achat).

La relation Etat/marché évolue également avec l'ouverture de l'économie. Si la mondialisation de l'économie présente des avantages, elle induit aussi des inconvénients non négligeables pour les Etats puisque l'ouverture des économies nationales au commerce international a progressivement neutralisé la capacité des Etats à réguler leur propre circuit économique. Les extensions de l'analyse keynésienne étaient basées sur cette gestion du circuit économique. L'Etat injecte du pouvoir d'achat dans le circuit économique et tous les agents vont profiter à court ou à plus long terme de cette injection. Les politiques budgétaires deviennent inefficaces avec la mondialisation puisqu'elles vont profiter un peu au pays qui les utilise et également aux autres nations qui échangent avec lui.

L'explosion du circuit économique « traditionnel » fait exploser la notion de « responsable politique » qui n'a plus le pouvoir de réguler le circuit. S'il est fait référence au taux d'ouverture de l'économie française (42%), cela rend quasiment impraticable toute politique de relance économique. En revanche, après neutralisation des échanges intra-européens, le taux d'ouverture de l'ensemble de l'Union européenne vis-à-vis du reste du monde n'est plus que de 12%, il est alors possible de retrouver un circuit économique européen gérable. Mais, encore faut-il que tous les pays européens soient d'accord sur les politiques employées. De plus, il n'existe pas encore de véritable décideur politique européen. Les pays se retrouvent donc dans une situation paradoxale où les circuits économiques sont sans pilote (par exemple : l'Europe) et où les « soit disant » pilotes sont sans circuit (les différents gouvernements nationaux).

La relation Etat / marché évolue enfin sous la globalisation des économies. La globalisation est plus large que la mondialisation puisqu'elle indique que certains groupes industriels et financiers multinationaux conçoivent et développent leur stratégie au niveau planétaire. Ces groupes vont, par exemple, gérer de façon planétaire la localisation de leurs activités de production (comme si il n'y avait qu'un seul marché mondial) en fonction de multiples critères dont un est le coût de production et notamment, le coût du travail.

Or traditionnellement, une des fonctions fondamentales des Etats résidait dans la réglementation des conditions générales de l'activité économique. Ainsi, l'Etat instaurait un droit du travail pour éviter de fortes tensions sociales ou réglementait la pollution pour éviter des catastrophes écologiques ou naturelles. Aujourd'hui, le développement des firmes transnationales (globales) tend à mettre à bas ou en concurrence les différentes réglementations nationales. Dans ces conditions, les Etats risquent de ne plus réguler les marchés mais le marché devenu global régule l'activité réglementaire des Etats et leur impose un niveau de réglementation nationale moins élevé. Depuis plusieurs années, voire les deux dernières décennies, il est constaté un net recul de la protection sociale en Europe, un moindre respect de l'environnement, accru notamment aux Etats-Unis depuis l'élection du président D. Trump, ... Le fait peut être constaté également en termes de taxation des revenus du capital (facteur extrêmement mobile au niveau international.

Tableau 7 : les critères des Investissements Directs à l'Etranger (IDE)

Objectifs	Déterminants généraux
- Recherche des marchés	* Cadre général d'accueil des IDE, * Stabilité politique et sociale, * Règles d'entrée et d'activité, * Accords internationaux, * Politiques de privatisation des entreprises locales, * Régime de commerce international, * Régime fiscal.
- Recherche de ressources	Les déterminants économiques : * Croissance du PIB, * Niveau d'inflation, * Niveau de chômage, * Solde commercial.
- Recherche de gains d'efficacité	* Incitations et aides aux investissements étrangers, * Coûts liés à l'activité dus à la corruption ou à l'inefficacité administrative, * Equipements collectifs d'accueil pour les expatriés, * Services accompagnant les investissements.

- II -

La relation Etat / marché

Les visions libérales

L'Etat intervient dans une économie de marché par le biais de ses dépenses dites publiques. On parle alors d'une économie publique non marchande. Elle concerne l'ensemble des activités économiques de l'Etat et des collectivités publiques décentralisées, activités qui ne donnent pas lieu à l'établissement d'un prix. L'Etat intervient ainsi en tant qu'offreur de biens et de services gratuits (comme par exemple, la Défense Nationale). Cette activité de l'Etat a pour contrepartie l'ensemble des prélèvements obligatoires qui la finance.

La loi de Wagner[20] est « prophétique » en ce domaine. Elle s'interroge sur l'avenir à long terme du système économique à la fin du XIXème siècle. A. Wagner énonce en 1883 une loi qui peut être résumée de la façon suivante : - plus un pays se développe et plus l'intervention économique de l'Etat est nécessaire et importante -. L'intervention publique est une nécessité incontournable, directement liée au développement économique, mais aussi importante du fait du coût d'une intervention plus massive de l'Etat. Il explique la progression historique des dépenses publiques par la complexification croissante de la société, résultant de trois facteurs essentiels, à savoir :

---

[20] A. Wagner (1883), Three extracts on public finance, in R. Musgrave and A.T. Peacock (1958), *Classics in the theory of Public Finance*, Macmillan.

- L'urbanisation : une fois regroupés, les individus se découvrent des besoins communs (besoins nouveaux) qui s'ajoutent aux besoins humains dits naturels. Le regroupement se transforme en société (collectivité organisée) qui se dote d'institutions ayant compétence à prendre des décisions à caractère collectif. L'institution s'octroie de nouveaux moyens (système de prélèvements et de dépenses publiques) pour accomplir de nouvelles missions ... Aujourd'hui, même si un retrait de l'Etat est constaté, en tant que régulateur de la société, de nouveaux pôles de politiques publiques apparaissent à des niveaux territoriaux (décentralisation) : régions, agglomérations, villes.

Cela se traduit par de nouvelles responsabilités publiques et donc par de nouvelles dépenses et de nouveaux prélèvements des pouvoirs publics.

- La division du travail : Avec le développement économique et une complexification de la société, la division du travail atteint un degré extrême. Cette dernière a progressivement créé tout un ensemble de solidarités fonctionnelles entre tous les secteurs économiques, toutes les entreprises et tous les agents économiques. Le secteur agricole par exemple est en relation avec quasiment toutes les industries (métallurgie, chimie, agroalimentaire,...) et les services (assurances, banques, transports, ...). Cette évolution structurelle se traduit par une intégration de plus en plus poussée de l'ensemble du système économique, obligeant à analyser les problèmes de façon plus globale. Ainsi, certaines activités intrinsèquement non rentables (réseau routier) sont pourtant indispensables à un ensemble d'activités rentables. Il est donc collectivement logique de prendre en charge financièrement ces activités non rentables soit pour les créer soit par les maintenir en état. C'est le rôle des pouvoirs publics qui les financera grâce à l'impôt.

- L'élévation du niveau de vie provoque une modification de la nature des besoins. Dans une économie où le niveau de vie est élevé, la demande de biens et services collectifs s'accroît plus vite que le revenu global (l'élasticité de la demande de biens collectifs par rapport au revenu est supérieure à l'unité). L'augmentation des revenus conduit donc à une réduction du poids relatif des dépenses de première nécessité au profit d'un accroissement du poids relatif des dépenses dites d'épanouissement, principalement composées de services notamment publics.

Toutefois, si les pouvoirs publics ont une activité importante de soutien et d'accompagnement du développement économique, l'Etat peut avoir une activité marchande, notamment à travers ces entreprises publiques. Il offre des biens et des services qui s'échangent sur un marché à un prix fixé (comme par exemple, le billet de train). Cependant, cette activité marchande de l'Etat tend à s'affaiblir ; ainsi nous nous intéresserons qu'à l'économie publique non marchande.

L'objectif est alors de justifier cette intervention de l'Etat par une approche néoclassique, c'est-à-dire microéconomique. Cela peut apparaître paradoxal puisque le rôle de l'Etat est justifié par une théorie qui tend à le limiter à une fonction régalienne. Cependant, ce sont les économistes libéraux qui ont le plus publié sur le rôle économique de l'Etat. Or, le fondement de la pensée libérale indique que l'intervention de l'Etat est à la fois politiquement non souhaitable et économiquement non pertinente (libéralisme de première génération). Et pourtant, au fil du temps – les décennies 1950-60 – les économistes néoclassiques ont progressivement découvert des justifications à l'intervention de l'Etat. Le libéralisme de seconde génération développe alors l'économie du bien-être. Cette conception du libéralisme, non seulement accepte mais, appelle positivement la coopération de l'Etat. Toutefois, le néolibéralisme (troisième génération) s'est construit sur les crises des décennies 1970-80 et tente de trouver tous les arguments pour faire reculer le rôle de l'Etat. Il peut déboucher sur l'ultralibéralisme qui refuse la notion même d'Etat, de Nation,... pour laisser la place à un marché mondial. C'est la pensée anarcho-libérale.

§ 1 - « Vive le marché » et « Halte à l'Etat »

Les premières analyses conduisent à clamer haut et fort : « Vive le marché ». Cette relation Etat / marché est appréhendée par l'analyse du fonctionnement d'ensemble du système économique (microéconomie généralisée). L'approche néoclassique s'intéresse donc à l'étude des marchés, pris en bloc ou en tant que système dit « d'économie de marché ». Cette analyse s'est donc construite autour de l'idée d'équilibre général. Ce dernier peut être défini de la façon suivante : « Etant donnée une répartition initiale des ressources entre les différents individus d'une collectivité, le libre jeu des marchés concurrentiels conduit spontanément l'ensemble du système vers un équilibre général, à la fois stable et efficace ».

La tendance vers l'équilibre général spontané s'explique en deux temps. D'une part, grâce à la concurrence, tous les facteurs de production (capital, travail,...) sont rémunérés à leur productivité marginale. Ils s'orientent spontanément vers les secteurs où ils ont la meilleure productivité marginale pour obtenir la plus forte rémunération. Un offreur de travail sous rémunéré irait proposer ses services dans une autre entreprise. De même, une sur-rémunération correspondrait à une perte pour l'entreprise qui l'emploie. Ainsi, la rémunération d'un facteur est donc égale à sa productivité (efficacité) marginale, quel que soit le secteur d'activité. L'allocation des facteurs de production est, de ce fait, la plus performante possible. D'autre part, tous les biens et services sont vendus à leur coût marginal de production.

Tableau 8 : Coûts moyen (CM) et marginal (Cm)

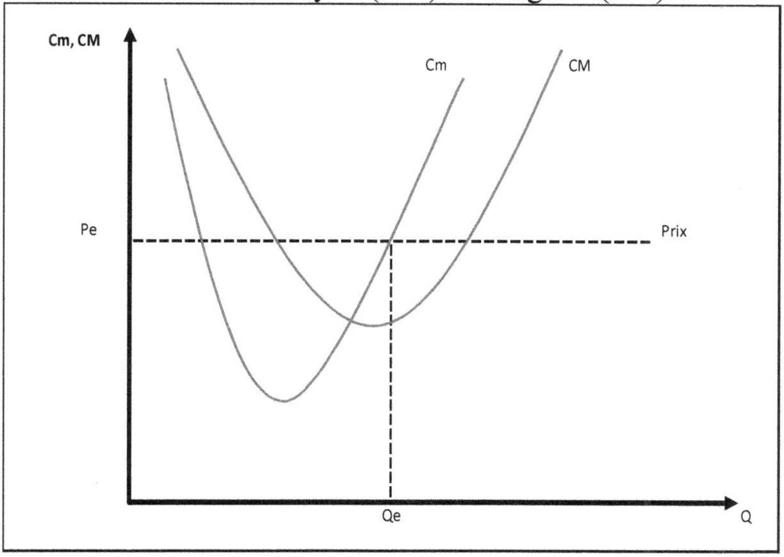

Grâce au système de prix, les consommateurs sont, un à un, amenés à faire la synthèse entre l'utilité marginale que leur apporte chaque type de biens et les coûts de production que supportent les entreprises qui produisent ces biens. Ainsi, tant que l'utilité marginale est supérieure au coût marginal, il y a des clients à satisfaire et des producteurs incités pour le faire.

1.1- L'analyse d'A. Smith

Adam Smith (1776)[21], développe une analyse du fonctionnement du marché à partir d'une notion : la

[21] A. Smith (1776), *Enquêtes sur la nature et les causes de la richesse des nations.*

« main invisible ». Smith est considéré comme le fondateur de la science économique en donnant un véritable objet à la science économique et montre que le jeu du marché est capable de transformer un ensemble d'actions (rationalités) purement individuelles en un résultat collectivement performant (rationalité collective). Il existerait donc une « mécanique » qui assure cette transformation.

Tableau 9 : Transformation des rationalités

Rationalité individuelle d'un grand nombre d'individus poussés par leur intérêt personnel	Marché	Rationalité collective définie comme un résultat collectivement satisfaisant et conduisant à un équilibre général

L'objet de la science économique est donc l'étude de ces mécanismes de marché afin de définir des lois.

La thèse d'A. Smith a eu un impact considérable sur l'essor du capitalisme en Europe car elle a permis de libérer le jeu des initiatives individuelles. Il n'y a plus de frein moral au développement de l'activité lucrative. Chaque individu peut légitimement s'enrichir ; la main invisible du marché permet d'améliorer le bien-être de tous ses semblables. La considération de morale individuelle est ainsi levée et a joué un rôle crucial dans l'essor du capitalisme au 19ème siècle.

La thèse d'A. Smith conduit à conclure que l'intervention de l'Etat est inutile pour assurer l'efficacité du système. Le jeu du marché règle aussi la question morale.

1.2- L'analyse de V. Pareto

L'analyse de V. Pareto[22] qui, en définissant la notion d'optimum, élabore une barrière au rôle de l'Etat et clame une « halte à l'Etat ». Il souligne que le libre jeu du marché conduit le système à un équilibre général. La question qui se pose est la suivante : cet équilibre est-il la meilleure situation possible pour l'ensemble de la collectivité ? Autrement dit, une autre situation de l'économie, peut-être moins efficace du point de vue de la production, serait plus satisfaisante du point de vue de l'intérêt d'ensemble de la société ? Il apparaît donc une question fondamentale sur la définition de « l'intérêt d'ensemble » d'une société.

V. Pareto va combler cette lacune en proposant un critère précis « d'optimalité collective » en posant deux principes simplificateurs. Il considère tout d'abord que l'appréciation d'une situation économique ne dépend que des consommations qu'elle permet aux différents individus. L'approche des choix individuels est alors purement matérialiste ; toutes les préférences à caractère idéologique ou philosophique sont écartées du champ de l'analyse. Il considère ensuite que les satisfactions individuelles sont purement subjectives et donc non mesurables. L'utilité étant ordinale, les niveaux de satisfaction ne sont donc pas comparables d'un individu à l'autre. Ainsi, comme il est difficile de mesurer la satisfaction marginale d'un bien apportée à un individu ou à un autre ; il n'est donc pas légitime de prélever (des taxes ou des impôts) sur l'un pour donner à l'autre. De ce fait et en termes de politique de redistribution notamment, l'Etat est incompétent.

---

[22] V. Pareto (1896), Essai sur la courbe de la répartition des richesses, Recueil, Université de Lausanne, Genève

Pourtant, selon V. Pareto, il existerait une exception à ce principe de non intervention de l'Etat qui serait compatible avec la non comparabilité des satisfactions individuelles. L'Etat peut intervenir pour corriger des situations manifestement aberrantes. Dans ces circonstances, il serait possible d'améliorer la satisfaction d'un ou de plusieurs individus sans devoir détériorer celle d'aucun autre individu. Il n'y a donc plus de problème de comparaisons interpersonnelles des satisfactions puisque tous les individus seraient gagnants. Ainsi, toute situation, manifestement non optimale collectivement, exige légitimement une intervention correctrice de l'Etat. Toutefois, en dehors de cette exception, toute autre situation de l'économie doit être considérée comme collectivement optimale.

V. Pareto définit alors l'optimum collectif comme « toute situation de l'économie dans laquelle il est possible d'améliorer la satisfaction d'un individu sans devoir en contrepartie diminuer celle d'au moins un autre ». L'idée d'optimum collectif est complètement banalisé (aucune ambition collective à court ou long terme) et multiple (multitude d'optima collectifs indissociables).

Finalement, cette conception de l'optimum collectif laisse très peu de marge de manœuvre à l'Etat puisque tous les acquis individuels restent hors de portée d'une intervention étatique puisque l'unanimité est exigée préalablement à toute intervention publique. Ainsi, chaque individu dispose d'un droit de veto pour protéger sa situation personnelle contre toute tentative d'intervention de l'Etat.

En considérant une société à deux individus, des conflits entre les intérêts individuels peuvent apparaître. Partant d'une situation initiale, résultat d'une répartition initiale des ressources et du libre jeu du marché, il est intéressant de se poser la question suivante : Quelles sont les modifications que l'Etat pourrait introduire en conformité avec le critère de Pareto ?

Toutefois, le champ de l'intervention publique est restreint par les possibles conflits entre les intérêts individuels et par l'exercice d'un droit de veto. De ce fait, pour une société comptant « n » individus, la probabilité d'un déplacement Pareto optimal est de « $1/2^n$ ». Cette faible probabilité indique que le critère de Pareto n'est pas un critère d'intervention publique, ce critère pousse nécessairement à l'immobilisme. Dans la réalité, la probabilité pour qu'une modification fasse l'unanimité est encore plus faible. Même si une modification apparaît profitable à tous, il faut encore que les individus se mettent d'accord entre eux sur le partage du gain généré. Des stratégies individuelles de blocage sont possibles pour tenter d'améliorer une situation personnelle. Ce chantage stratégique diminue encore la probabilité d'un changement.

Le caractère strictement minimaliste du critère de Pareto (l'Etat n'intervient qu'en cas d'aberration manifeste) peut finalement jouer dans deux sens contradictoires, à savoir : d'une part, ce critère vise à réduire le plus possible le champ de légitimité des interventions étatiques ; d'autre part, parce que le critère est strictement minimaliste, il permet de justifier l'intervention publique de façon incontournable à chaque fois qu'il se trouve vérifier. L'argument est alors simple et exprimé de la façon suivante : comment s'opposer à une intervention de l'Etat dans le cas où cette intervention va dans le sens de l'intérêt de tous et de chacun ?

La science économique a maintenant démontré que, sous certaines conditions, tout équilibre concurrentiel correspond à un optimum de Pareto et réciproquement (théorèmes de dualité). Les néoclassiques parlent à ce propos d'économie d'harmonie universelle, en ce sens que le système économique est spontanément collectivement optimal. Il s'ensuit que l'intervention de l'Etat ne trouve aucune justification dans un tel système. L'intervention de l'Etat, si elle se fait, n'est alors qu'une complication inutile d'un système qui fonctionne parfaitement seul grâce au marché.

Dans ces conditions, l'Etat, vu par les libéraux, n'a qu'une seule fonction : il doit définir les règles juridiques qui garantissent le libre jeu des mécanismes concurrentiels et les faire respecter. Il se doit de surveiller le fonctionnement naturel des marchés et de sanctionner les agents qui ne respecteraient pas les règles. C'est la thèse de « l'Etat gendarme » ou de « l'Etat minimal ».

1.3- Les biens sous tutelle

Les néoclassiques ont progressivement nuancé leur position en introduisant quelques exceptions au principe de non intervention de l'Etat. Ils définissent une catégorie de biens collectifs particuliers fondamentaux pour une société ; c'est la théorie des biens sous tutelle de l'Etat. Il s'agit de biens dont les consommateurs potentiels n'ont pas spontanément conscience de l'utilité qu'ils leur apportent, par manque d'information ou par manque d'expérience. Ce fait s'explique par trois raisons principales :

- La complexité du produit : il faut un accompagnement public des dépenses de santé pour faciliter l'accès des consommateurs à des services médicaux dont l'utilité ne leur apparaît pas immédiatement. Par exemple, les vaccinations n'ont qu'un but de protection de l'individu qui n'est atteint par aucune maladie. Sans obligation venant de l'Etat, certains individus pourraient renoncer aux vaccinations. Lorsque le taux de vaccination baisse, des maladies qui étaient considérées comme vaincues, réapparaissent (tuberculose, rougeole,...). De même, la prévention sur différents types de maladies (cancer du sein) peut ne pas être considérée comme une nécessité pour une femme même si la probabilité d'être atteinte n'est pas nulle. C'est pourquoi, à travers l'impôt ou les cotisations sociales, la collectivité finance le système de santé.

- L'éloignement dans le temps ou le caractère indirect de la satisfaction qu'un bien procure : l'éducation peut apparaître à court terme comme une contrainte et un individu peut s'interroger sur la nécessité de se former. La décision relève d'un arbitrage individuel entre l'éducation d'une part et le travail ou le loisir d'autre part. Cependant, l'Etat pense que la formation est utile pour chacun des individus et favorise, en la finançant, ce type de consommation. L'Etat choisit donc d'orienter la prise de décision du consommateur (gratuité de l'éducation, bourse et allocations) qui ainsi privilégiera les moyens et long termes au court terme (travail, salaire, consommation immédiate).

- La faible fréquence d'acquisition d'un bien : les dépenses en matière de logement, dans la mesure où les agents économiques changent peu souvent de logement (d'où une expérience limitée). La politique d'aide au logement, mise en place après la deuxième Guerre Mondiale et dans les années 1960 en France, est un exemple de politique publique fondée explicitement sur l'idée de bien sous tutelle. Après la seconde Guerre Mondiale, la France construit « à marche forcée » un maximum de logements (période de reconstruction). Du fait de la pénurie de logements, la population s'adaptait instantanément à ce que le marché lui proposait (maison individuelle souvent de médiocre qualité, appartements dans de grands immeubles impersonnels). A la fin des années 1960, l'investissement en logements représentait encore 25% de la FBCF. Or, la pénurie de logements avait fini par régresser. Le baby-boom avait amené une nouvelle génération de consommateurs sur le marché. Les revenus par tête s'étaient considérablement améliorés avec la forte croissance économique d'après-guerre (les « Trente Glorieuses »). Les changements économiques ont entraîné des changements sociologiques (développement des classes moyennes et moyennes supérieures) qui ont conduit à une approche différente de l'habitat (durabilité du logement, confort et cadre de vie, intégration et reconnaissance sociale,..). C'est pourquoi l'Etat décide d'aider financièrement les consommateurs à franchir le pas en faveur d'un habitat de meilleure qualité et notamment individuel. Il se devait donc de faire prendre conscience aux ménages français de leurs véritables préférences pour le logement et, ensuite seulement, la loi du marché pourrait reprendre ses droits - une offre de logements adaptée à la demande (désirs) des consommateurs -. L'intervention de l'Etat n'est là que pour faciliter la révélation des préférences individuelles et collectives.

L'idée générale qui inspire la mise sous tutelle de certains biens est le fait que l'absence d'intervention étatique conduirait à une divergence entre la satisfaction attendue par les consommateurs avant leur choix et celle qu'ils éprouveront après leur choix. Le passage d'un temps à l'autre est conditionné par les caractéristiques des consommateurs qui peuvent être considérés comme « myopes » ou « immatures ». L'Etat a alors un rôle pédagogique en favorisant une première expérience de consommation, indispensable à la bonne information des consommateurs.

Les néoclassiques acceptent ce « paternalisme d'Etat » parce que ces interventions publiques sont doublement limitées, d'une part par leur nombre puisque ce type d'intervention ne concerne qu'un nombre réduit de biens et, d'autre part, par la durée de l'intervention car si l'action de l'Etat est efficace, elle ne sera que transitoire, juste le temps pour que les consommateurs aient compris l'importance de leur choix.

§ 2- Biens collectifs et défaillance de marché

A travers la constatation possible de défaillances sur les marchés et de la nécessité d'une production de biens collectifs pour faire face à l'absence de production de biens privés sur le marché, le libéralisme de deuxième génération apparait.

La catégorie de biens sous tutelle a ouvert une première brèche dans le principe de non intervention de l'Etat. Toutefois, ils ne correspondent qu'à de rares exceptions et à caractère provisoire. Les biens collectifs rendent l'intervention étatique nécessaire dans des situations plus fréquentes et surtout permanentes. Ainsi, l'intervention de l'Etat est intégrée dans la théorie néoclassique.

Les biens collectifs sont des biens ou services qui se caractérisent par deux propriétés, à savoir : - La non compétitivité des quantités consommées (ces biens sont dits non rivaux), et - La non exclusion des consommateurs (ces biens sont dits non excluables).

2.1- La non compétitivité des consommations individuelles

La propriété de « non compétitivité » ou de « non rivalité » concerne des biens qui peuvent être consommés par plusieurs individus sans que les avantages que chacun retire de sa propre consommation, aient la moindre conséquence sur les avantages qu'en retirent les autres. Ainsi, les quantités consommées par un individu ne s'analysent pas comme un prélèvement sur les quantités restant disponibles pour la consommation des autres. Pour distinguer les deux types de bien, il est utile de prendre un exemple. Supposons qu'un individu boive un café devant la tour Eiffel. Le café est un bien « privé ou privatif » dans la mesure où le café que consomme un individu « I » ne peut être consommé par un autre individu « J ». Il y a donc compétitivité des consommations individuelles. Cependant, il faut bien faire la distinction entre deux types d'alternatives. L'alternative « bien public / bien privé » distingue deux modes de propriété, liés aux conditions de financement du bien et l'alternative « bien collectif / bien privatif » qui distingue deux modes de consommation. Ces deux individus boivent le café en admirant la tour Eiffel. La situation est alors fondamentalement différente puisque la satisfaction qu'un individu retire en regardant le monument ne diminue en rien la satisfaction qu'en retirent tous les autres consommateurs, même potentiels. C'est donc une situation de non rivalité des consommations individuelles. Toutefois, cet exemple introduit une situation où un des consommateurs peut dire qu'il a bu son café sans regarder la tour Eiffel, et donc qu'il n'en a tiré aucune satisfaction. En refusant d'avouer la consommation, non observable, du bien collectif, il a eu un comportement visant à la clandestinité possible de la consommation du bien collectif. De ce fait, l'existence de biens collectifs introduit des possibilités de mensonges entre les individus. La présence de biens collectifs ouvre, au plan de l'analyse économique, un espace de jeux non coopératifs.

Il existe beaucoup d'autres exemples de biens collectifs, notamment la Défense Nationale. Ce bien collectif « pur » suppose que tous les habitants d'un territoire national sont protégés collectivement et indissociablement. Mais aussi, toutes les infrastructures collectives : routières, sportives, culturelles, hospitalières, ... et tous les services d'information (météo, guidage autoroutier, ...). Ces biens et services sont donc extrêmement diversifiés et ont des conséquences économiques et sociales importantes.

La première caractéristique de ces biens et services collectifs est leur gratuité. Le fait de pouvoir satisfaire un ou plusieurs consommateurs de plus sans coût de production supplémentaire (coût marginal nul) implique que le prix du bien collectif doit lui-même être nul. En effet, la condition que le prix soit égal au coût marginal de production est incontournable de toute allocation factorielle optimale que les biens soient privatifs ou collectifs. Sous l'angle de l'optimum de Pareto, le paiement d'un prix risquerait d'empêcher certains individus de consommer le bien collectif par manque de moyens financiers. Or, le critère de Pareto suppose qu'il est parfaitement possible de satisfaire ces individus sans porter atteinte aux intérêts des autres.

Ainsi, les biens collectifs doivent donc être fournis gratuitement, non pas pour des raisons de politiques sociales en venant en aide à des catégories économiquement faibles, mais pour des raisons de stricte rationalité économique (obtention de l'optimum économique). Le problème est que la gratuité est incompatible avec les exigences d'une offre privée car si le coût marginal est nul, le coût total ne l'est pas. Produire des biens collectifs coûte cher à la collectivité qui se retrouve devant un problème de financement de la production de ces biens et services. Le financement ne pouvant être fait directement par les utilisateurs, il doit être réalisé autrement.

2.2- La solidarité potentielle des consommateurs

La solidarité potentielle des consommateurs d'un même bien collectif dans la mesure où chaque courbe de demande individuelle de ce bien s'analyse également comme une courbe d'offre de co-financement pour tous les autres consommateurs potentiels de ce bien. La forme de la courbe de coût marginal (vraisemblablement croissant) ne contredit pas le fait que le coût marginal d'un bien collectif soit nul puisqu'il convient de distinguer deux notions, à savoir : - le coût marginal de production technique du bien collectif n'est généralement pas nul[23], comme par exemple, développer un système d'information météo actualisé en permanence a un coût marginal élevé. En revanche, le coût marginal de satisfaction d'un consommateur supplémentaire du bien collectif est nul ; un consommateur de plus, prenant connaissance du bulletin météo, a un coût nul.

Le bien collectif, une fois qu'il a été produit pour satisfaire les premiers demandeurs, se trouve ensuite en position de « déversement ». Ce bien collectif dispose donc d'une capacité d'accueil de consommateurs supplémentaires. Il est capable de proposer des utilités supplémentaires à un coût marginal nul. Ainsi, il est logique de le fournir gratuitement.

De ce fait, il est possible de réintégrer l'existence de biens collectifs dans la définition de l'équilibre général.

Pour les biens privatifs, l'optimum est atteint quand le coût marginal de production est égal à la disposition marginale à payer de chaque consommateur de ce bien :

$$P = Cm = dm(a) = dm(b) = \cdots$$

[23] Dans le cas particulier où le coût technique de production est nul, le bien est dit « bien libre ». Il s'agit de biens collectifs qui préexistent dans la nature : un paysage, les falaises d'Etretat).

Pour les biens collectifs, l'optimum est atteint quand le coût marginal technique de production devient égal à la somme des dispositions marginales à payer des différents utilisateurs du bien collectif.

Pour un bien collectif, la disposition marginale à payer représente ce qu'un individu serait a priori disposé à payer – s'il y était contraint – pour avoir accès à une unité de plus de bien collectif. Cette disposition à payer dépend de l'utilité marginale que l'individu espère retirer personnellement de l'accès au bien collectif. En notant $\mathrm{dim}(X)$ la disposition marginale à payer de l'individu « I » pour une quantité « X » de bien collectif, la somme des dispositions marginales à payer des différents individus s'écrit :

$$\Sigma \mathrm{dim}(X)$$

Cette somme représente ce que la collectivité dans son ensemble serait a priori prête à payer pour disposer d'une unité supplémentaire de bien collectif. Finalement, pour déterminer le nombre optimal d'unités de biens collectifs à produire, il suffit de comparer la somme des dispositions marginales à payer et le supplément de coût engendré par la production d'une unité supplémentaire de bien collectif, soit son coût marginal technique de production.

Un bilan marginal coûts / avantages est fait pour la collectivité. Deux situations sont alors possibles :

- Si la somme des dispositions marginales à payer est supérieure au coût marginal technique correspondant, alors la production du bien collectif doit être augmentée puisque l'avantage collectif, à en attendre, dépasse le coût supplémentaire à engager.

- Inversement, si le bilan marginal collectif est négatif, alors il faut réduire la production du bien collectif puisqu'elle induit une perte d'utilité inférieure à la diminution du coût de production correspondant.

Finalement, la production optimale du bien collectif est déterminée par l'égalité du coût marginal technique de production et de la somme des dispositions marginales à payer des différents utilisateurs du bien collectif. Dans ce cas, le solde du bilan marginal collectif est nul :

$$\Sigma \operatorname{dim}(X *) = Cm(X *)$$

définissant la production optimale du bien.

Cette égalité, correspondant à la condition « B.L.S. »[24], définit un « pseudo-équilibre général » ou équilibre général élargi en prenant en compte la production des biens et services collectifs.

2.3- La nécessité d'une procédure publique de financement de la production de biens collectifs.

D'un point de vue théorique, la détermination de la quantité de biens collectifs à produire a été définie. Mais concrètement, l'application de cette formule suppose l'intervention d'un nouvel acteur : l'Etat. L'intervention publique devient alors indispensable puisque, en l'absence de prix associés aux biens collectifs, les coûts liés à la production de ces biens ne peuvent être couverts que par l'impôt. C'est donc à l'Etat de prendre en charge cette production de biens collectifs et de demander à chaque individu de payer une juste contribution fiscale. Cette dernière doit être égale à sa disposition marginale à payer ou à l'utilité marginale que l'individu attend de son accès au bien collectif. Cette disposition est donc égale à ce qu'il accepterait de payer si le bien collectif était fourni par le marché.

---

[24] La condition B.L.S. vient des noms des auteurs qui l'ont mis en évidence : Bowen, Lindhal et Samuelson.

Cependant, l'Etat est dans l'incapacité de mesurer ces dispositions marginales à payer des individus. Au mieux, il peut les évaluer a priori ou en référence aux comportements passés. Cette incapacité de l'Etat provient de la deuxième caractéristique des biens collectifs, à savoir la propriété de non exclusion des consommateurs.

§ 3 - La non exclusion des bénéficiaires de biens collectifs

La non révélation des préférences individuelles peut conduire à des comportements individuels de type « cavalier libre ».

3.1– La non révélation des préférences personnelles.

Le fonctionnement du marché repose fondamentalement sur la capacité des offreurs d'exiger le paiement d'un prix en contrepartie des biens qu'ils proposent à la vente. Cette obligation de payer un prix joue un rôle essentiel puisqu'elle permet d'exclure tous les éventuels consommateurs partiellement ou totalement insolvables. Le mécanisme des prix, par les enchères qu'il provoque entre les individus, permet d'opérer un tri entre ceux qui peuvent payer et les autres. Ce mécanisme oblige donc les individus à révéler la valeur qu'ils accordent aux différents biens, c'est-à-dire le montant qu'ils acceptent de payer pour se procurer les biens (et ainsi échapper à l'exclusion).

De ce fait, indépendamment de ses autres fonctions économiques, notamment de régulation de l'offre et de la demande, le marché remplit une fonction sociétale[25]

---

[25] La fonction sociétale du marché définit le fonctionnement de la société en l'occurrence l'exclusion de certains individus. Elle s'oppose à la fonction sociale de l'Etat qui conduit à venir en aide aux personnes en difficultés (chômage, maladie, famille,..)

essentielle, en étant un révélateur automatique des préférences individuelles. Cette analyse du marché ne vaut que pour les biens privatifs. Pour les biens collectifs, toute exclusion par les prix s'avère techniquement impossible car, une fois le bien produit, ils profitent automatiquement à tous les consommateurs potentiels. L'offre est donc indivisible.

Que ce soit la Défense Nationale ou le lancement d'un programme de dépollution de l'air dans une agglomération, tous les citoyens, qu'ils aient participé ou non au financement, bénéficieront de ces actions collectives.

Dans l'analyse néoclassique, la non exclusion ne résulte pas d'un principe de « philosophie sociale » (la volonté de laisser toute la population accéder gratuitement à des services considérés comme essentiels), mais sur des bases de nature politique ou juridique (droit des usagers des services publics).

La conséquence majeure de cette impossibilité d'exclusion est que les consommateurs potentiels de biens collectifs n'ont aucun intérêt personnel à révéler leurs préférences. Individuellement, chaque individu a le même intérêt à cacher ses préférences réelles pour les biens collectifs dans l'espoir d'échapper à la condition BLS.

Chacun va chercher à bénéficier « silencieusement », donc gratuitement, de l'accès à des biens collectifs payés par les autres. Ce comportement de « passager clandestin » ou de « cavalier libre » a intérêt à être joué par chaque individu. Mais si tous adoptent la même attitude, la production du bien collectif ne sera jamais réalisée faute de pouvoir être financée. La situation risque d'être bloquée puisqu'en matière de financement des biens collectifs, les individus ont collectivement intérêt à être solidaires ; mais individuellement, ils ont intérêt à clamer le contraire. Aucune décision collective ne peut donc émerger spontanément de ce jeu non coopératif.

3.2 - Les comportements de « passager clandestin »

L'analyse des comportements de « cavaliers libres » peut être affinée en recourant à la théorie des jeux dans une configuration du type « dilemme du prisonnier ».

En supposant une collectivité formée de deux (groupes d') individus A et B. Chaque joueur doit décider si il contribue ou non au financement d'un bien collectif sans savoir à l'avance ce que l'autre décidera (jeu non coopératif). Si la production d'une unité de bien collectif coûte 6 unités monétaires (Cu = 6) et apporte une satisfaction, notée Su, évaluée à 5 pour chacun des joueurs qu'il ait contribué ou non au financement de ce bien. Il est alors possible de définir la matrice des gains (Cf. Tableau 10).

Si les deux agents contribuent ; chacun paie 6 et retire une satisfaction de 10 (2*5). Chaque joueur gagne 4. Si un seul individu accepte de financer ; il dépense 6 et gagne 5, il enregistre une perte de -1. L'autre obtient un bénéfice de 5, en accédant à l'unité de bien collectif sans avoir à débourser. Enfin, si les deux joueurs choisissent de ne pas contribuer, leur bénéfice individuel est nul.

Dans ce jeu, chacun des joueurs choisit l'option qui lui rapporte le plus en fonction du choix de l'autre. Or, dans ce cas, le bon choix est toujours la non contribution[26]. L'individualisme des deux joueurs va logiquement les conduire dans le quadrant sud-est de la matrice, c'est-à-dire la non contribution. Ce résultat est collectivement non

[26] On dit qu'une stratégie est dominante si un joueur a intérêt à faire toujours le même choix quelle que soit l'hypothèse faite sur le choix de l'autre.

optimal puisque le jeu va se solder par un gain collectif nul. Le résultat est également non optimal pour chacun des joueurs, puisque chacun des joueurs pouvait espérer un gain de 4 et ce gain lui échappe. Ainsi, il apparaît une configuration relationnelle dans laquelle l'individualisme se retourne contre l'individu.

Tableau 10 : Matrice des gains

		Décision de B	
		Contribue	Ne contribue pas
Décision de A	Contribue	4 4	5 - 1
	Ne contribue pas	- 1 5	0 0

Cependant, si les individus sont en position de négocier entre eux, ils peuvent évoluer vers un jeu de type coopératif. Mais dès que le nombre d'individus concernés par un même bien collectif augmente, alors les coûts de négociation deviennent exorbitants. Par ailleurs, l'impact de chaque contribution individuelle devient négligeable à la fois sur la probabilité d'existence du bien collectif et sur ses caractéristiques techniques. De ce fait, des comportements de « passager clandestin » vont apparaître et se développer, entraînant une paralysie du système décisionnel collectif privé.

Au total, avec la prise en compte des biens collectifs dans l'analyse économique, il est possible d'établir deux conclusions remettant partiellement ou totalement les fondements de l'analyse libérale, à savoir : - Le marché ne remplit plus sa fonction sociétale de révélateur des préférences individuelles. On constate de ce fait la défaillance du marché. – Une rupture apparaît entre le jeu des intérêts individuels et l'intérêt collectif. L'Etat doit donc intervenir pour débloquer la situation. Il intervient au nom de l'intérêt général et des intérêts individuels. L'intervention publique sera « Pareto optimale » puisque tous les individus devraient être gagnants.

§ 4 – La régulation politique de l'offre publique de biens collectifs

Compte tenu de notre fonctionnement institutionnel et démocratique, c'est donc le pouvoir politique qui va décider, directement et pour l'ensemble de la collectivité, de la nature et de la quantité de biens collectifs à produire et à mettre gratuitement à la disposition de tous. L'Etat se trouve ainsi introduit dans le modèle néoclassique en application du critère de Pareto.

4.1 – L'Etat : intermédiaire dans l'offre de biens collectifs

L'Etat n'a pas de préférences étatiques propres. Il est dit « transparent », dans le sens où il ne fait qu'exprimer les préférences des individus qu'il représente. L'Etat ne sert que d'intermédiaire technique entre chacun des agents individuels et la collectivité qu'ils constituent. Des élus vont prendre au nom de la collectivité des décisions que les individus ne peuvent ou ne veulent pas prendre eux-mêmes.

De ce fait, l'Etat a pour rôle de reconstituer, artificiellement (institutionnellement et politiquement) ce que fait le marché. Cependant, il intervient dans des secteurs où, pour des raisons techniques, le marché ne fonctionne pas. Toutefois, deux conditions doivent être réunies, à savoir : - il faut une institution qui joue le rôle de « décideur unique ». L'Etat dispose pour cela d'un pouvoir gouvernemental ce qui lui permet de parler au nom de tous. – La décision que prend l'Etat est forcément politique puisqu'il n'a pas de préférences propres. Ce fait le conduit à fixer une valeur à des dispositions individuelles à payer que tout le monde ignore, y compris l'Etat.

Ce système de décision suppose donc le recours à une forme d'intuition politique qui suppose la mise en œuvre d'une responsabilité à caractère politique. Ainsi, c'est le passage périodique devant les électeurs qui permet – en principe – de vérifier, certes a posteriori, que les choix politiques, faits par le décideur public unique, sont bien conformes aux attentes profondes des individus électeurs ou de la majorité de ceux-ci.

Deux remarques complémentaires peuvent être apportées. La première consiste à dire que, dans l'optique néoclassique, l'offre publique désigne des biens qui sont fournis gratuitement aux consommateurs par le canal budgétaire. Mais, cette offre publique peut prendre deux formes très différentes, soit la forme d'une production publique, c'est-à-dire opérée directement par une entreprise d'Etat ou une administration publique, soit la forme de simples achats publics faits par l'Etat à des entreprises privées productrices de biens collectifs. Dans ce cas, le pouvoir politique n'a qu'un rôle restreint de décider des quantités de biens collectifs à produire et de collecter les impôts nécessaires pour rémunérer les producteurs privés auxquels il s'adresse. Par exemple, l'Etat décide de la création d'une autoroute et de ses caractéristiques (longueur, largeur, tracé, ...). Il lève l'impôt pour la financer et en laisse la réalisation à des entreprises privées.

La deuxième conduit à dire que, dans l'hypothèse où l'Etat choisit de produire lui-même des biens collectifs (par des entreprises publiques), il doit écouler sa production sans percevoir de prix. Il s'agit donc d'une économie publique non marchande.

4.2 - Les limites à la gratuité de l'accès aux biens et services collectifs

La seule limite théorique à la gratuité de l'offre de biens collectifs réside dans l'apparition d'un phénomène d'encombrement.

Dans la théorie économique, on parle d'encombrement à chaque fois que la qualité d'un bien ou d'un service varie avec le nombre des consommateurs. L'encombrement peut conduire à une baisse de la qualité du service (trop de voitures sur une route ralentit considérablement la circulation), ou à une hausse de la qualité du service (Plus le nombre de personnes ayant un téléphone mobile est important, plus le nombre d'antennes est élevé et meilleure est la couverture du réseau).

Le problème est alors la tarification de l'encombrement. Tant que l'autoroute n'est pas encombrée, il n'y a pas de rivalité entre les consommations individuelles. L'ajout d'un automobiliste supplémentaire qui emprunte la voie, ne crée aucune gêne pour les automobilistes qui s'y trouvent. De ce point de vue, il n'y a aucune raison de faire payer l'accès à une autoroute. Un tarif d'accès risquerait d'exclure certains utilisateurs potentiels, alors que leur présence sur l'autoroute ne gênerait personne. La situation ne répondrait pas au critère de Pareto. Cependant, si trop d'automobilistes se présentent ensemble sur une même autoroute, alors l'encombrement entraîne la baisse de la qualité du service proposé (attente à l'entrée et à la sortie, augmentation des risques d'accidents,...). Dans ces conditions, la consommation des uns n'est plus sans conséquence sur la satisfaction des autres. Le bien collectif a épuisé sa capacité d'accueil. Une certaine rivalité des consommations individuelles apparaît et justifie économiquement la perception d'un prix (péage).

En théorie économique, le « péage » est l'écart entre le prix et le coût marginal. Ainsi en absence d'encombrement, cet écart correspond au prix puisque le coût marginal est nul. De même, en posant le problème sous l'angle du coût de production du service, en cas d'encombrement, le coût marginal de satisfaction d'un nouvel automobiliste n'est plus nul, puisque pour maintenir constante la qualité du service autoroutier, il faudrait élargir l'autoroute (en créant une autre voie), d'où un coût supplémentaire qui doit être payé par l'utilisateur.

Les deux argumentations convergent vers la conclusion suivante : un bien collectif encombré n'est plus au sens strict un bien collectif, en ne répondant plus au critère de non rivalité ; il est donc logique de faire payer l'accès. Toutefois, si la taxation des pointes de trafic est parfaitement logique d'un point de vue théorique ; elle est difficilement applicable des points de vue technique, politique et social. Cette taxation aboutirait à payer que dans le cas d'un mauvais service, c'est-à-dire à une situation absurde.

Finalement, les phénomènes d'encombrement créent une transition entre les biens collectifs et les biens privatifs. La capacité d'accueil d'un bien privatif supprime la rivalité entre les consommateurs potentiels et peut lui conférer une dimension de bien collectif. Par exemple, le développement des coopératives dans le monde agricole s'est accéléré sous l'effet de la croissance des prix du matériel qui est utilisé que très partiellement par un agriculteur isolé. Mais, si l'encombrement du bien vient saturer sa capacité d'accueil, alors ce bien redevient (ou peut redevenir) un bien privatif classique. Par exemple, la gratuité des consultations en urgence dans les hôpitaux fait que les individus, quel que soit leur état de santé, vont y aller. La capacité d'accueil est très vite saturée et la qualité d'accueil, notamment des plus mal en point, se détériore. Le problème pourrait être évité en instaurant le paiement immédiat des soins d'urgence.

5 – La régulation des biens hybrides

En faisant une typologie des biens sous les deux critères retenus (excluabilité et rivalité), il est mis en évidence deux types de biens qui sont ou ni privés (bien club), ou ni collectifs purs (bien commun).

5.1 – La typologie des différentes sortes de biens

Jusqu'à présent, il était considéré que les propriétés de non exclusion et de non rivalité allaient de pair. Or, ces deux propriétés sont fréquemment indépendantes l'une de l'autre. Un bien privatif pur est caractérisé par les critères d'exclusion et de rivalité. Dans la réalité, des biens peuvent être non excluables mais rivaux ou inversement. Par exemple, un banc de poissons, évoluant dans les eaux internationales, correspond à une ressource pour laquelle il y a rivalité entre les bateaux de pêche. Mais, les eaux internationales sont en accès libre pour tous les pêcheurs (non exclusion).

Par croisement des deux alternatives (exclusion ou non, rivalité ou non), nous obtenons quatre catégories possibles de biens dont trois présentent des problèmes spécifiques d'action collective.

Tableau 11 : Typologie des biens

		Excluable	Non excluable
Glissement par encombrement	Rival	Biens privatifs pur	Biens en commun
	Non rival	Biens club	Biens collectifs purs
		Glissement par option politique ou par évolution technologique	

De cette typologie, nous en déduisons que la fonction d'utilité – relation entre les quantités de biens consommés et la satisfaction qu'ils procurent – peut s'écrire de trois façons :

- La fonction d'utilité néoclassique prend en compte uniquement la consommation de biens privatifs. Si on suppose que « l » individus consomment « n » biens privatifs, cette fonction s'écrit alors :

$$U^i = U^i(x_1^i, \dots, x_j^i, \dots, x_n^i) \qquad \forall i = 1, \dots l$$

Avec une quantité totale de biens privatifs consommés :

$$x_j = \sum_i \left[x_j^i\right] \quad \forall j = 1, \dots, n$$

- La fonction d'utilité de Samuelson intègre l'existence de biens collectifs proposés en quantité totale pour chaque bien.

$$U^i = U^i(x_1^i, \dots, x_j^i, \dots, x_n^i, x_{n+1}, \dots, x_{n+k}, \dots, x_{n+m})$$
$$\forall i = 1, \dots l$$

$$x_{n+k}^i = x_{n+k} \qquad \forall k = 1, \dots, m$$

La même quantité de chaque bien collectif est mise à égale disposition de chacun. Ainsi, ce bien collectif apporte la même satisfaction à tous. La Défense Nationale apporte une satisfaction égale au militariste ou au pacifiste. Les fonctions d'utilité sont individualisées.

- La fonction de Buchanan prend en compte le nombre de consommateurs de chaque type de bien, qu'il soit a priori privatif ou collectif.

$$U^i = U^i\left[\left(x_1^i, n_1\right), \ldots, (x_j^i, n_j), \ldots,, (x_{n+m}^i, n_{n+m})\right]$$

Cette formule pose la question de l'organisation de l'offre de biens et services collectifs à des sous-groupes de population (organisation de clubs).

5.2 – Les « biens club »

Cette notion a été formalisée par Buchanan en 1965[27]. Elle concerne des biens potentiellement excluables et partiellement non rivaux (une chaine de télévision cryptée ou une résidence privée, fermée et sécurisée).

L'idée de Buchanan est la suivante : des individus peuvent s'organiser entre eux pour financer et utiliser, ensemble, un bien dont l'accès leur sera réservé par la mise en place d'un système d'exclusion des non membres du club (ceux qui n'ont pas contribué à son financement).

Cependant, l'organisation de clubs pose plusieurs problèmes. Le premier est celui de la détermination de la taille du club. Il faut déterminer à la fois le nombre de membres et la taille des équipements à installer. Cet arbitrage est complexe parce que des arguments opposés peuvent être entendus. D'un côté, il est souhaitable que l'effectif du club soit le plus élevé possible puisque le coût

---

[27] J.M. Buchanan (1965), *An Economic Theory of Clubs*, Economica, 32, 125, p.1-14

individuel d'accès à un bien club varie en sens inverse de l'effectif du groupe. Le coût de fonctionnement du club doit intégrer le coût du dispositif d'exclusion qui permet de réserver l'accès du bien aux seuls membres du club. Ce dispositif d'exclusion est cependant la condition sine qua non de toute possibilité de financement privé du club. D'un autre côté, un phénomène d'encombrement risque d'apparaître et vient contrarier l'expansion du club. L'arrivée de nouveaux membres permet de diminuer la cotisation individuelle d'accès à un bien club, mais diminue la satisfaction que chacun peut retirer de son adhésion au club. J.M. Buchanan conclut qu'à partir du moment où le système d'exclusion est réalisable, il devient possible de rendre à l'initiative privée la création et la gestion de tout un ensemble de biens collectifs. L'Etat ne doit plus intervenir puisque les individus sont parfaitement capables de s'organiser directement entre eux. Par ailleurs, le caractère non excluable de certains biens peut évoluer en fonction de la technique (brouilleur ou décodeur pour les programmes télévision) ou en fonction de la législation (loi d'exclusion). Le choix politique est important puisque le réseau autoroutier est non excluable tant que des postes de péages ne sont pas installés. S'ils sont mis en place, des sociétés privées d'autoroute peuvent gérer celles-ci.

Cette alternative politique divise aussi les économistes. A noter que P.A. Samuelson[28] conteste le recours à une offre payante, même si cela est techniquement possible. Il rappelle que deux raisons très différentes se rejoignent pour justifier la gratuité des biens collectifs. La première est la non exclusion qui disparait avec les biens club. La deuxième est la non rivalité des consommations

[28] P.A. Samuelson (1954), « The Pure Theory of Public Expenditure », Review of Economics and Statistics, 30, 4, p.36-44 ;
(1955), « Diagrammatic Exposition of a Theory of Public Expenditure », Review of Economics and Statistics, 37, 4, p.350-356

individuelles qui suffit à elle seule pour justifier de la gratuité des biens collectifs.

Le critère de Pareto justifie cette position puisqu'il serait aberrant d'exclure un consommateur dont la consommation du bien ne gêne personne. Ainsi, pour tous les grands biens club, aucun argument ne vient justifier un système d'exclusion. Seul l'encombrement effectif d'un bien initialement non rival impose la rivalité des consommations individuelles et peut justifier le recours à une procédure d'exclusion. Il en résulte que la solution de référence reste l'offre gratuite et ce n'est qu'en cas de défaillance « rationnelle »[29] de marché que l'offre publique peut être remplacée (à titre de substitut) par une solution privée (type club) dont la mise en place devient légitime.

Cette opposition entre Samuelson et Buchanan montre l'importance des clivages dans l'analyse néoclassique. D'un côté Samuelson, père fondateur de l'économie du bien-être qui raisonne constamment en termes de maximisation de l'intérêt collectif et, de l'autre côté, Buchanan, chef de file du néolibéralisme qui cherche tous les arguments susceptibles de faire reculer l'Etat, partout où cela est techniquement possible. Ces deux solutions correspondent à deux philosophies complètement différentes du système et de l'action économique. L'une est tournée vers une vision collective ; l'autre est centrée sur l'individualisme. L'approche de Buchanan correspond parfaitement à la culture américaine. Aux Etats-Unis, des quartiers, voire des villes, sont organisés comme des biens

[29] La défaillance de l'offre publique sera considérée comme rationnelle seulement dans les cas où les biens clubs sont de dimension optimale trop réduite pour justifier une intervention de l'Etat ou d'une collectivité publique.

clubs (privatisation des routes, des parcs de verdure, des équipements collectifs, des écoles et la police,...). Si ces organisations n'existent pas en Europe, le développement des biens club s'y fait sur une base culturelle différente. Il s'agit alors de clubs qui se constituent à partir d'initiatives prises par des collectivités publiques, à des niveaux infra-étatiques. Des communes se regroupent pour financer ensemble des biens collectifs (centres sportifs, socioculturels,..). Ce phénomène dit d'intercommunalité combine deux logiques, à savoir : - Une logique publique d'offre gratuite et souvent subventionnée. Mais, cette gratuité est réservée aux habitants des communes participantes. – Une logique privative d'exclusion totale ou partielle des habitants des autres communes par interdiction d'accès ou par une facturation à tarif plein. Ainsi, en France, la formation de clubs est devenue un facteur puissant de développement de l'initiative publique. L'Etat se désengageant, les niveaux inférieurs de l'Etat (régions, départements et communes) ont un pouvoir plus grand dans le développement collectif des biens et services.

5.3 – Les biens en « commun »

Le bien en commun est le cas symétrique du bien club. Il y a rivalité et non exclusion. La difficulté vient du fait que la non exclusion suscite des comportements de passager clandestin qui entraînent une surconsommation (ou surexploitation) du bien en commun. Ce problème se rencontre dans l'absence de réglementation de la pêche dans les eaux internationales. La pêche industrielle de certaines espèces compromet l'évolution à long terme du stock global de poissons. Ce fait pénalise l'ensemble des pêcheurs qui pêchent ou sur exploitent la zone. D'ailleurs, ces derniers connaissent ces dangers, mais continuent à la pratiquer car l'inconvénient à terme est compensé par le gain immédiat qu'ils sont seuls à s'approprier. Le bilan personnel est positif puisqu'ils confisquent la totalité de l'avantage et reportent sur les autres (notamment les générations futures de pêcheurs) les inconvénients. Compte tenu de ce biais, chaque pêcheur est donc tenté d'adopter un comportement opportuniste.

Au plan international, il n'y a pas vraiment de solution puisque les accords passés entre les parties prenantes sont rarement respectés. Les comportements sont observés, déplorés mais jamais sanctionnés.

Au plan national, deux pistes peuvent être envisagées :

– La privatisation du bien commun par vente responsabiliserait les acquéreurs (droit de pêche nominatifs). Mais cette solution pose des problèmes d'organisation. Un système de police privée doit être mis en place pour assurer le système d'exclusion des non titulaires des droits. Ce système suppose que les titulaires de droits respectent strictement le règlement intérieur.

– Les pouvoirs publics définissent eux-mêmes, en concertation avec les professionnels, une réglementation des prélèvements (quotas individuels, périodes d'interdiction, tailles limites des prises, ...). Les pouvoirs publics prennent eux-mêmes les moyens de contrôler le respect de la réglementation et sanctionnent lourdement les contrevenants. Cependant, au niveau mondial, il faut que tous les pays aient la même logique.

5.4 – Le périmètre de compétence des décideurs publics.

Avec la prise en compte des biens collectifs, les différentes collectivités (Etats, régions, communes,..) deviennent de nouveaux centres de décisions. De ce fait, s'ajoutent aux décideurs individuels - producteurs et consommateurs – les décideurs uniques des collectivités constituées. Ces décideurs doivent se positionner non seulement dans son périmètre de compétences mais aussi par rapport à l'environnement de son périmètre, donc aux plans national, européen et international à chaque fois que se posent des problèmes de biens collectifs comme la mise en place d'une politique commune de Défense au niveau européen ou la préservation du climat et la lutte contre l'effet de serre au niveau de la planète.

Or, au niveau international, les différents décideurs uniques vont logiquement se comporter comme des individus par rapport à une collectivité plus large de décideurs uniques nationaux. Le président Macron va devoir moduler ses positions par rapport aux problèmes climatiques en fonction des décideurs uniques qu'il rencontre (A. Merkel, D. Trump,...). Nous retrouvons donc, au plan international, tous les dysfonctionnements comportementaux que l'individualisme provoque inévitablement, dès que ces décideurs se trouvent en présence de choix collectifs.

Des comportements de passager clandestin peuvent apparaître tout comme au niveau microéconomique. La différence, c'est qu'il s'agit d'individualisme(s) d'Etat(s) ; d'où la nécessité d'avoir un décideur unique de rang supérieur. Il réapparaît donc au niveau international un besoin sociétal (La Société des Nations). Il existe donc un manque ou un vide (un besoin sociétal non satisfait) que la collectivité des nations ne sait pas combler. Cette Société des Nations aurait pour objectifs d'indiquer les grandes orientations stratégiques des Nations, d'évaluer et de contrôler la mise en œuvre de ces orientations et de sanctionner les Nations. Ce manque d'autorité supérieure est constatable tant au niveau des unions (l'Europe) qu'au niveau planétaire.

Ainsi, en présence de biens collectifs (par exemple, le climat), l'intervention d'un décideur unique reste une condition incontournable de rationalité collective. Le vide risque d'entraîner une dynamique du vide. L'existence de nombreux problèmes importants pour notre société qui échappent durablement aux décideurs uniques existants, peut remettre en cause la légitimité (ou l'utilité sociale) de ces décideurs dont l'incapacité réelle de résoudre ou d'atténuer ces problèmes est constatée.

A terme, ces décideurs uniques risquent d'être eux-mêmes déstabilisés par l'absence durable d'une véritable « économie publique internationale ». De plus, leur position fragilisée pourrait leur ôter tout pouvoir et leur faire laisser leurs places à un autre type de décideurs uniques. Ainsi, le pouvoir politique et, bien entendu, le pouvoir sociétal seraient fortement atténués au profit du pouvoir strictement économique des grands groupes, notamment industriels et financiers. Ceux-ci développent logiquement une vision de court terme, sans aucune valeur sociétale, sans culture, sans philosophie du bien-être des populations, ... juste dans la simple optique de maximisation des profits et de la rentabilité.

La persistance des dysfonctionnements internationaux actuels va finir par générer à terme des dysfonctionnements au niveau des nations.

L'économie publique néoclassique est à comprendre comme une reconstruction intellectuelle des origines normatives de l'Etat. Il convient donc de comprendre et définir les raisons d'être et les règles de fonctionnement d'un « Etat idéal » dans un monde idéal où les individus seraient parfaitement libres et où l'Etat serait à leur service. Cette approche théorique est portée par une philosophie politique de type « Contrat social »[30]. Mais attention, les origines réelles (ou historiques) des Etats sont loin de ces explications normatives. Partout, l'instauration des Etats s'est faite par la force, la violence ou la guerre ; ce n'est qu'ensuite que les populations ont cherché à reprendre en main l'Etat pour le rapprocher d'un modèle de type « contrat social ».

---

[30] J.J. Rousseau (1762), « Du contrat social ». Il propose du substituer la souveraineté du peuple à celle du prince. La souveraineté du peuple découle d'un contrat qui le lie à lui-même pour garantir les droits de chaque individu.

III

La critique de l'Etat et l'hégémonie du marché

Depuis le début du XXème siècle, de nombreuses analyses économiques ont cherché à remettre en cause le rôle de l'Etat, voire les fondements mêmes de l'Etat, pour le remplacer finalement par le marché.

§1- La remise en cause d'un Etat Léviathan

De nombreuses critiques de l'Etat, plus ou moins fortes, émanent de différentes analyses développées depuis le milieu des années 80. La loi de W. Baumol permet de réfléchir sur les effets du poids de l'Etat dans l'économie. La courbe d'A. Laffer pose le problème du financement de l'intervention de l'Etat.

1.1 – La loi de Baumol et ses prolongements

La loi de Baumol (1965) peut être définie d'une façon assez simple. L'économie est composée de deux secteurs, à savoir : le secteur manufacturier à productivité croissante et le secteur tertiaire à productivité quasi constante. Une partie des gains de productivité de l'industrie est absorbée par le tertiaire. Ainsi, plus la tertiairisation se renforce dans une économie à haut revenu, plus la croissance se ralentit. C'est pourquoi il est utile de maintenir un secteur industriel puissant ou des activités de services dans lesquelles des gains de productivité importants peuvent être réalisés (finances, télécommunications, transports, ..).

Si le secteur tertiaire est décomposé en deux secteurs marchand et non marchand, cette dernière composante peut constituer une gêne pour la croissance économique.

En effet, le secteur non marchand coûte et doit être financé par l'Etat et, par conséquent, par l'impôt versé par les contribuables. Ce secteur a, de façon générale, une efficacité économique inférieure à celle du secteur privé, mais une efficacité sociale incontestable. En restant simplement sur le plan économique, le secteur non marchand inhibe le développement des secteurs marchands (manufacturiers et tertiaires) ; d'où des critiques répétées et continues envers l'hypertrophie du secteur public. Cependant, la faible productivité du secteur public peut être justifiée. L'Etat n'intervient que dans des activités où la sphère privée ne souhaite pas intervenir car les gains de productivité sont limités ou impossibles et les perspectives de profits y sont faibles, voire nulles. C'est donc la nature des activités concernées qui explique les difficultés de l'Etat dans leur gestion.

A l'opposé, M. Olson (1965)[31] caractérise le secteur public par son fonctionnement bureaucratique. Or, ce dernier implique deux conséquences :

- une faible productivité dans la production des biens et services publics, tout en reconnaissant l'indivisibilité de ces biens et donc l'impossibilité d'en mesurer leurs coûts et la productivité des facteurs dans leur production.

- les établissements publics sont généralement constitués de groupes d'intérêt qui captent des avantages spécifiques à leur profit indépendamment de l'intérêt général. Ces groupes recherchent donc la pérennisation d'une rente (Cf. ci-dessus l'analyse de la corruption). L'hypertrophie du système politique en France peut amener à ce type d'analyse.

De ce fait, le bilan coûts / avantages du secteur non marchand peut être jugé globalement négatif. Mais, il est

---

[31] M. Olson (1978), *La logique de l'action collective*, Paris, PUF

maintenu compte tenu des caractéristiques du processus de décision interne.

1.2 - L'impact d'un secteur non marchand sur l'économie

L'impact du développement du secteur non marchand, dans une économie ouverte, a été formalisé par R. Bacon et W. Eltis[32]. Ces auteurs décomposent l'économie en deux secteurs à savoir :

- un secteur marchand dont la production est commercialisée dans l'économie ou est exportée ;

- un secteur non marchand, destiné au marché intérieur, accroît la demande du secteur privé.

Mais ce deuxième secteur est financé par les recettes fiscales prélevées sur l'économie.

La production marchande Ym donne lieu à différents emplois :

- une partie est consommée par les ménages du secteur marchand, notée Cm ;

- une partie est captée, investie ou transférée, par le secteur non marchand, notée Dn ;

- le secteur productif fait des investissements, noté Im ;

- le secteur productif exporte une partie de sa production marchande, notée Sm ; on suppose que ce sont des exportations nettes.

---

[32] R. Bacon, W. Eltis (1976), *Britain's Economic Problem : Two few producers* , Mac Millan

L'identité suivante peut être posée :

$$Ym = Cm + Dn + Im + Sm$$

En divisant par Ym :

$$\frac{(Ym - Cm)}{Ym} = \frac{Dn}{Ym} + \frac{Im}{Ym} + \frac{Sm}{Ym}$$

$(Ym - Cm)$ représente le surplus du secteur marchand.

En divisant par , on obtient le taux de surplus, noté Ts.

Ainsi, en écrivant l'égalité sous forme de taux :

$$Ts - Tn = Ti + Tx$$

Où Tn représente le taux d'absorption du secteur non marchand ;

Ti le taux d'investissement et Tx le taux d'exportations nettes.

R. Bacon et W. Eltis en concluent que la croissance est d'autant plus forte que la part du surplus absorbée par le secteur public est faible. La faiblesse des taux de croissance dans les économies à revenus élevés résulte de l'accroissement des prélèvements fiscaux supportés par le secteur marchand. De plus, l'endettement public et ses procédures de financement réduisent les capacités d'investissement productif.

Cependant, l'investissement public et les transferts sociaux peuvent avoir des effets externes positifs. Les théories de la croissance endogène [33] insistent sur les

[33] Les théories de la croissance endogène :
R.J. Barro (1990), Government Spending in a Simple Model of Endogenous Growth, Journal of Political Economy Vol. 98, n°5, p.5103-5125.
R. Lucas (1988), "On the Mechanics of Economic Development", Journal of Monetary Economics", 22, janv., p3-42.
P. M. Romer (1986), "Increasing Returns and Long Run Growth",

externalités positives de l'investissement public dans l'éducation, la recherche scientifique ou dans les infrastructures. L'accumulation du capital humain et des connaissances techniques contribue au développement du progrès technique et améliore ainsi les performances des entreprises privées.

De même, les transferts aux ménages permettent de garantir une certaine stabilité de la demande de biens et de services et donc de conforter les décisions d'investissement des entreprises.

§ 2 - L'Etat prélève trop d'impôts !

Pour financer toutes les dépenses courantes et d'investissement de l'Etat, ce dernier doit trouver des ressources qu'il prélève sur les agents économiques (ménages et entreprises). Mais, ces prélèvements peuvent entraver le développement économique d'une nation. Au cours des siècles, une réflexion a été engagée soulignant que « trop d'impôt tue l'impôt ». A. Smith (1776)[34] constatait déjà le phénomène : « L'impôt peut entraver l'industrie du peuple et le détourner de s'adonner à certaines branches de commerce ou de travail ». L'impôt peut donc limiter le développement économique d'une Nation. De même, J.B. Say (1803)[35] conclut qu' « un impôt exagéré détruit la base sur laquelle il porte ».

Ainsi, plus un Etat accroît le taux de prélèvement sur l'activité, à partir d'un certain plafond, plus son augmentation réduit l'assiette fiscale. Il poursuit encore en

---

Journal of Political Economy , oct.
P.M. Romer (1990), Endogenous Technological Change, Journal of Political Economy, oct.

[34] A. Smith (1776), *Recherches sur la nature et les causes de la richesse des Nations*,

[35] J.B. Say (1803), *Traité d'économie politique.*

affirmant que bien au contraire « une diminution d'impôts, en multipliant les jouissances du public, augmente les recettes de l'Etat et fait voir aux gouvernements ce qu'ils gagnent à être modérés ». Plus tard, F. Bastiat (1848)[36] écrit « si un impôt est graduellement et indéfiniment élevé, par cela même qu'à chaque degré d'élévation, il restreint un peu plus la consommation ou la manière imposable, un moment arrive nécessairement où la moindre addition à la taxe diminue la recette ».

Ces différentes réflexions visent à remettre en cause non pas l'impôt par lui-même mais l'alourdissement continu du niveau d'imposition qui peut devenir à un certain moment inacceptable pour une partie, voire la totalité, de la population.

2.1 - La courbe d'A. Laffer

A la fin des années 1970, A. Laffer, économiste de l'offre, schématise ce qu'il nomme « l'allergie fiscale ». Il définit une courbe qui porte désormais son nom et qui traduit la variabilité des recettes fiscales en fonction du taux moyen d'imposition.

La courbe montre qu'à partir d'un certain niveau de prélèvement, l'accroissement de ce dernier est susceptible d'amoindrir, voire d'annuler, l'assiette fiscale.

Si on accepte que le produit de l'impôt suit une courbe croissante à taux décroissant en fonction du taux d'imposition, qu'il passe par un maximum et qu'il diminue ensuite plus ou moins rapidement avec l'accroissement du taux d'imposition, il apparait qu'il existerait un taux de prélèvement optimal, noté t_0, qui maximiserait le produit de l'impôt.

---

[36] F. Bastiat (1844-1848) Le journal des économistes et *Harmonies économiques*.

La hausse de l'impôt génère ensuite une baisse de l'assiette fiscale sur laquelle s'applique l'imposition.

Tableau 12 : La courbe de Laffer

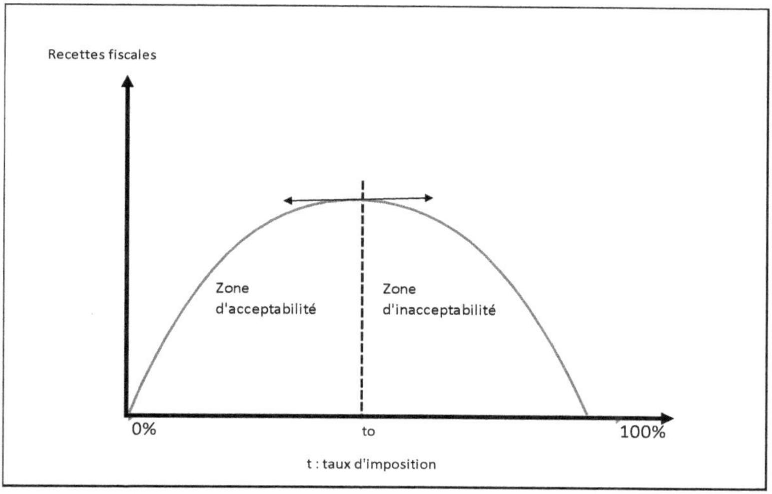

Plusieurs hypothèses ont été faites pour définir cette courbe. La première est que l'économie est fermée (aucune relation économique avec l'extérieur). Même si l'ouverture de l'économie ne modifie pas le résultat, elle ajoute cependant la possibilité d'évasion fiscale pour les catégories d'agents économiques qui subissent une imposition forte. Ces derniers pratiqueraient le « vote à pied ». Ils pourraient chercher un pays où le taux d'imposition est plus faible pour s'y installer et développer leurs activités. Le premier Etat subirait une perte absolue de recettes fiscales. Le risque est qu'au sein d'une zone d'échanges (l'Europe), certains ménages ou entreprises fassent le chemin vers des pays où les prélèvements sont moins importants. Ainsi, des entreprises françaises frontalières peuvent s'installer au Luxembourg où le taux de prélèvement est plus faible.

La deuxième hypothèse est faite sur la rationalité des agents économiques. Les ménages, par exemple, sont découragés par les hausses des prélèvements, ils diminuent leur travail et peuvent compenser par une hausse du travail non officiel. L'activité économique tend à stagner ou à diminuer du fait de la faible motivation des ménages à accroître leur revenu du travail. De la même façon, les entreprises vont freiner, voire réduire, leurs investissements dans des capacités productives puisqu'elles vont contribuer à une augmentation de la valeur ajoutée et de leurs profits qui seraient ensuite, pour partie, reversés à l'Etat.

Même si il est difficile de formaliser exactement la courbe, on peut supposer qu'elle pourrait présenter des plages, et notamment autour du taux optimal, où les variations de taux de prélèvement n'auraient aucun effet sur les recettes fiscales.

L'effet désincitatif sur l'offre de travail peut entraîner une baisse des prélèvements pour l'Etat. Il y a deux effets contradictoires qui peuvent plus ou moins se compenser. Un effet de substitution résulte du fait qu'un agent, se voyant davantage imposer, diminue son temps de travail pour réduire ses revenus et, finalement, ses impôts. Un effet revenu est issu du fait qu'un agent va travailler davantage pour retrouver le niveau de vie qu'il avait avant l'augmentation de l'impôt.

Suite à la première zone où la courbe est croissante à taux décroissant. Elle peut présenter une plateforme où des variations du taux d'imposition ont un impact faible, voire nul, sur les recettes fiscales de l'Etat. Toutefois, dans le même temps, si les recettes étatiques stagnent, les revenus, avant et après impôts, baissent très fortement. En effet, si l'Etat élève progressivement son taux d'imposition de 40 à 50% et qu'en même temps ses recettes sont identiques, alors les agents économiques concernés ont réduit leur production de 100 à 80 et leurs revenus restants sont passés de 60 à 40. Ainsi, il est constaté qu'un taux de prélèvement plus bas permet un accroissement à la fois de la richesse collective et de la richesse individuelle.

Tableau 13 : Différentes formes possibles de courbe

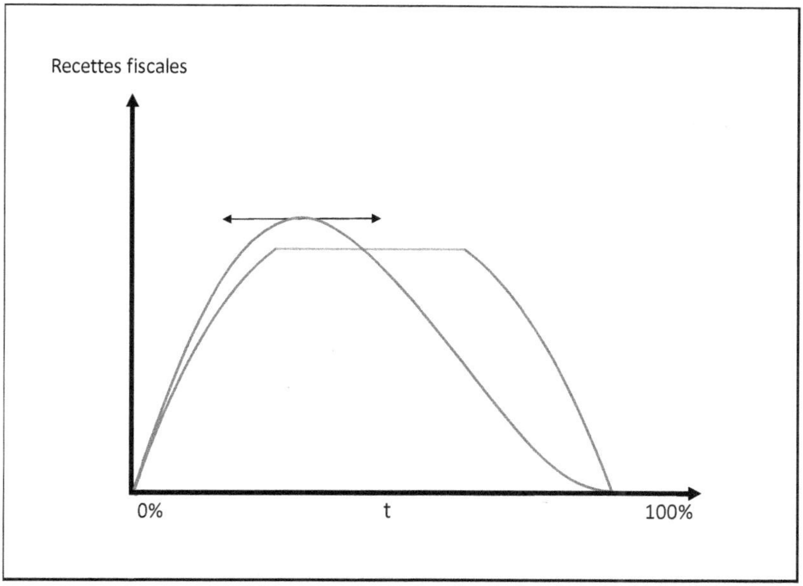

2.2 – Les implications

Pour les économistes de l'offre, la politique de réduction des impôts et des prélèvements sociaux tant pour les entreprises que pour les ménages permettrait de relancer la consommation et l'épargne. Les ménages, ayant un revenu disponible plus élevé, vont accroître leurs consommations de biens et de services et leurs épargnes permettant de financer les entreprises. Cependant, l'Etat doit s'efforcer de réduire ses dépenses de fonctionnement, d'être plus efficace dans ses choix politiques et de diminuer son endettement.

Cette politique a été suivie, d'ailleurs sur les conseils d'A. Laffer, aux Etats-Unis sous la présidence de R. Reagan, mais aussi en Grande Bretagne par le premier ministre M. Thatcher dans les années 1980.

En France, sous la présidence de J. Chirac, les prélèvements, notamment les impôts sur les revenus, ont dans l'ensemble baissé.

Tableau 14 : Evolution du déficit de l'Etat en France

Années	2005	2006	2007	2008	2009	2010
1-Dette	1190	1193	1252	1357	1531	1632
2-Evolution	-	0.25	4.95	8.40	12.82	6.60
3-Poids	67.1	64.4	64.3	68.0	78.9	81.6
	2011	2012	2013	2014	2015	2016
1-Dette	1754	1868	1953	2038	2098	2147
2-Evolution	7.60	6.50	4.55	4.35	2.95	2.33
3-Poids	85.2	89.5	92.3	94.9	95.6	96.0

1- Dette de la France en milliards d'euros ;

2- Evolution de la dette de l'Etat en % ;

3- Poids de la dette dans le PIB en %.

Source : INSEE, Références, Dette et déficits publics, fév.2018

De même, N. Sarkozy a réduit la fiscalité à travers la défiscalisation des heures supplémentaires, la réduction des droits de succession et de donation et des mesures de relance par la fiscalité. Mais, l'Etat a continué de s'endetter de façon importante avec des déficits record sous N. Sarkozy. Le gouvernement de F. Fillon a dû faire face, dès la fin 2007, à une grave crise financière nécessitant un soutien aux banques en difficultés et une relance massive de l'économie. Cette politique a fortement marqué l'évolution de la dette de l'Etat.

La présidence de F. Hollande inverse le mouvement. Les taux d'imposition sur le revenu s'élèvent très fortement ; le nombre de ménages imposés explose en 2013 ; l'assiette des prélèvements s'élargit fortement. Alors que les impôts locaux continuent à croître, le gouvernement Ayrault augmente de façon substantielle l'ensemble des prélèvements. Ainsi, 1,1 million de ménages qui ne payaient pas d'impôts sur le revenu antérieurement, se retrouvent imposés en 2013.

Le choc fiscal de 2012, engagé par le gouvernement a fait bondir la part des foyers imposés de 49.9% en 2012 à 52.3 en 2013. Toutefois, l'Etat a modifié sa politique fiscale dès 2013, notamment pour les français les moins aisés (réductions exceptionnelles, suppression de la première tranche d'impôts,...). Ainsi, de 2013 à 2016, la proportion des ménages imposés est passée progressivement à 42.8% (inférieure même à celle de 2009, 43.9%). Quasiment quatre foyers sur 10 paient des impôts sur le revenu. Cependant, l'Etat n'a pas allégé la charge globale de l'impôt entre 2013 et 2016 ; les recettes nettes de l'IR ont même progressé de 4.25% sur la période passant de 68.9 à 71.8 milliards d'euros. La charge moyenne supportée par les foyers imposés s'est alourdie sous l'impact de quelques mesures dont notamment la diminution du quotient familial.

Ces actions ont permis de ralentir la croissance de la dette, mais l'impact sur la consommation des ménages a été immédiat et a eu une incidence très grave à la fois sur la croissance économique et sur l'évolution du chômage. Alors que le candidat Hollande avait promis une inversion de la courbe du chômage avant la fin 2012, le chômage n'a jamais régressé pendant le quinquennat. Dans le même temps, les recettes de l'Etat ont diminué.

L'OFCE estime que la consolidation budgétaire a coûté 0.8 point de croissance chaque année en moyenne de 2012 à 2017. L'INSEE conclut également que la hausse des prélèvements de 2011 à 2013 a pesé sur l'activité économique jusqu'en 2016. « Les hausses d'impôts ont un effet moins récessif à court terme, car les ménages comme les entreprises lissent les fluctuations de leurs revenus sur leurs dépenses, mais cet effet se diffuse dans le temps »[37]. Toute la difficulté de la courbe d'A. Laffer est de trouver un taux de prélèvement optimal correspond à la conjoncture économique, politique et sociale. De nombreux facteurs rentrent en jeu pour tenter de la vérifier et de lui donner réellement une forme permettant d'arriver à des conclusions fiables.

Ces facteurs d'influence sont les suivants :

- L'histoire fiscale du pays et le niveau habituel des prélèvements est sous doute les premiers déterminants. Les pays scandinaves ont des taux de prélèvements moyens et marginaux très élevés et les ménages et les entreprises s'y adaptent. L'imposition y a dépassé les 70% du PIB sans entrainer les conséquences décrites par A. Laffer. En partant de cet exemple, le niveau maximal d'imposition défini pour inverser la courbe serait tellement haut qu'il n'a pu être atteint.

- La structure des prélèvements obligatoires (impositions et cotisations sociales) est un autre facteur. Les ménages, voyant à la fois une augmentation de ces deux composantes, subissent une double réduction de leur pouvoir d'achat (baisse du revenu disponible et du revenu

[37] INSEE, note de conjoncture, juin 2016.

après impôts), ce qui peut avoir des conséquences sur leur demande de biens de consommation et d'investissement. Si la hausse de l'impôt sur le revenu en 2012 /2013 a eu des conséquences sur la croissance économique ; le passage à un prélèvement à la source peut conduire aux mêmes effets à court terme (réduction de la consommation pendant une ou plusieurs années).

- L'appréciation de la situation économique et du contexte global par les agents privés, tant pour les ménages que pour les entreprises est un élément. Actuellement en France, tant les agents économiques que les politiques souhaitent une réduction des prélèvements pour redynamiser l'économie. Cette politique a été appliquée dans les années 1980 aux Etats-Unis (R. Reagan) et au Royaume Uni (M. Thatcher). En effet, en diminuant le poids de l'impôt et des cotisations sociales, l'Etat réduit la pénalisation du travail et de l'épargne. Mais, cette politique s'accompagne d'une réduction des compétences de l'Etat-providence qui implique la croissance à la fois des impôts et de l'endettement de l'Etat. En 2017, la dette publique de la France représente 97% de son PIB, soit 36 789 euros par habitant et 73577 euros par ménage. Sa réduction nécessiterait un fort désengagement de l'Etat notamment dans ses actions sociales.

- Les besoins de l'Etat diffèrent selon la période et le contexte économique et social. Le poids de la dette de la France par rapport à son PIB a déjà franchi la barre des 100% sur une période récente. Chaque guerre a entrainé des dépassements importants. Des niveaux records de dette ont été atteints en 1918 (175%) et en 1943 (200%). De 1880 à 1895 et au début des années 1930, la dette par rapport au PIB a franchi la barre des 100% pour faire face aux crises et notamment à la grande crise de 1929[38].

§ 3 - D'un Etat minimal à la fin de l'Etat !

F. Hayek et l'école autrichienne du début du XXème siècle font une critique virulente de l'analyse néoclassique en lui reprochant son caractère abstrait. Cette école prône davantage de liberté dans le fonctionnement de l'économie et crée les bases de l'analyse libertarienne.

3.1 - L'école autrichienne et le dépassement du néolibéralisme

Partant de l'analyse néoclassique, et notamment de l'analyse marginaliste développée par C. Menger, l'école autrichienne du début du XXème siècle, représentée par F. Hayek et L. Von Mises, propose un dépassement de celle-ci en étant plus pragmatique. Ils exposent une critique portant sur les points suivants :

- Les hypothèses, développées par les néoclassiques, de parfaite rationalité des agents et de leur parfaite information sur les marchés, semblent irréelles. Les informations peuvent être fausses et ne peuvent être améliorées qu'avec des investissements importants en temps et en argent. Des asymétries informationnelles existent également sur les marchés. Ces asymétries proviennent d'une différence de pouvoir économique, politique, financier,... provenant de la taille des entreprises et vont troubler le fonctionnement de marchés dits concurrentiels. De plus, l'incertitude qui règne sur les marchés, provenant notamment des innovations techniques et de produits, modifie les comportements des acteurs qui deviennent plus dynamiques, plus opportunistes.

---

[38] INSEE, Annuaire Statistique de la France : Dette de 1815 à 1977
INSEE, Séries longues : Dette de 1978 à 2012.

- L'obtention de l'équilibre, sur les marchés et au niveau macroéconomique dans l'analyse néoclassique, résulte de conditions abstraites et peu pertinentes. Par exemple, l'hypothèse d'homogénéité des produits réduit toute idée de concurrence entre les entreprises au seul critère de prix. Or, le rôle de l'entrepreneur est avant tout d'innover pour impulser une dynamique économique sur les marchés et dans l'économie toute entière. A. Schumpeter (1939)[39] insiste sur la dimension innovatrice de l'entrepreneur qui permet le renouvellement permanent du système économique. Ainsi, l'esprit d'entreprendre et la diffusion des innovations permettent à l'économie d'évoluer sur un sentier d'expansion et d'élever le bien-être de la population.

- La concurrence, dans l'analyse néoclassique, a un sens statique. Or, la concurrence est un phénomène fondamentalement dynamique qui résulte de conditions d'entrée et de sortie des firmes sur les marchés et des innovations faites par les firmes tant aux niveaux des processus de production que des produits. La concurrence s'exerce à travers d'autres critères que le prix telles que la technicité du produit, sa qualité,...

- La réallocation intersectorielle des facteurs de production est, dans l'analyse néoclassique, conçue comme sans délai et sans coût. Dans la réalité, le capital, voire le travail, sont difficilement transférables d'un secteur d'activité à un autre. Le déclin de certains secteurs peut conduire à des destructions de capital physique. Cependant, ces évolutions sectorielles (croissance, maturité et déclin) sont nécessaires pour faire évoluer le système économique (réaffectation du capital et du travail,

---

[39] J.A. Schumpeter (1939), *Business Cycle : Theoricle, Historical and Statistical Analysis of Capitalist Process*

évolution des prix relatifs,…). A. Schumpeter nomme ces évolutions « le processus de destruction créatrice ».

Cette approche de l'école autrichienne insiste sur le fait qu'il existe des interactions entre les sphères monétaire et réelle. Un excès de crédit sans épargne préalable ou une baisse délibérée des taux d'intérêt par la banque centrale peut engendrer des tensions inflationnistes. Les agents économiques vont alors effectuer des prévisions erronées à partir de ces informations. Partant de celles-ci, les producteurs investissent davantage qu'il n'est nécessaire et les consommateurs augmentent leurs dépenses de consommation. Les délais d'ajustement entre les deux grandeurs sont à l'origine de tensions inflationnistes dont la correction peut se révéler longue.

Ainsi, J. Schumpeter (1939) montre que les cycles économiques, de nature endogène, sont liés à l'innovation et à l'activité des entrepreneurs et non à des chocs aléatoires. Ces investissements peuvent être même réalisés dans des secteurs en déclin et parfois avec le soutien de l'Etat. Ils perturbent alors la réallocation des facteurs et finalement accentuent le chômage dans le temps.

M. Allais (1999) souligne que l'excès de capital induit des inefficiences dans l'économie, c'est-à-dire de l'inflation et des erreurs dans l'allocation des ressources.

Partant de ces critiques et constatations, l'école autrichienne propose un programme économique d'un Etat minimal qui se résume en quelques points :

- L'Etat se doit de stimuler l'innovation et l'esprit d'entreprendre.

- Il garantit la liberté d'entrée sur les marchés de biens et de services en éliminant toutes les rigidités.

- Il empêche les interférences de firmes qui conduisent à des situations de concurrence imparfaite en tentant d'agir sur les prix des biens.

- L'Etat adopte une politique fiscale favorisant l'innovation. L'impôt sur le revenu réduit l'esprit d'entreprendre et l'impôt sur le capital pénalise les agents les moins efficaces (les rentiers) et accélère sa réallocation ; d'où la recherche d'une fiscalité la plus neutre possible.

- Il doit enfin anticiper les dérèglements monétaires afin d'éviter les déséquilibres dans l'économie. F. Hayek (1953)[40] insiste sur le fait que ni l'Etat, ni une banque centrale indépendante ne peut réaliser cet objectif. Ceux-ci sont des entités bureaucratiques qui, par nature, développent des comportements pervers. Les banques privées pourront mettre en place sur le marché des monnaies concurrentes et le rôle de l'Etat sera de garantir la liberté d'entrée sur ce marché.

Il en conclut que le fonctionnement du marché est lié à l'état de droit et que tout Etat « planificateur » évoluera inévitablement vers un Etat totalitaire.

3.2 - La pensée libertarienne : un Etat fantôme !

Le courant libertarien est né du libéralisme classique bien qu'ayant un champ de vision plus large. Il peut être considéré comme une généralisation des principes libéraux à tous les volets de la vie sociale.

Le libéralisme repose sur deux principes, à savoir :

- La liberté individuelle est définie comme un droit naturel. Toute collectivité doit garantir et promouvoir ce droit et les valeurs fondamentales qu'elle véhicule : la

---

[40] F.A. Hayek (1953), *Scientisme et Sciences Sociales*, Paris, Plon.

liberté, l'autonomie, l'égalité des chances,... se retrouvent dans l'organisation politique d'une société juste.

- Un contrat social régit le déroulement de la vie en société. Ce contrat est un consensus accepté par tous. Pour J. Locke, le contrat social est à la base de tout Etat légitime (Etat de droit) protégeant la liberté et la propriété de chacun, s'assurant que la liberté des uns n'empiète pas sur celle des autres et permettant à tous d'améliorer leur situation respective par l'échange et la collaboration tout en évitant l'anarchie.

Le néolibéralisme conduit à un capitalisme plus extrême portant trois idées essentielles :

- La liberté individuelle est un droit absolu : l'Etat ne peut donc intervenir dans les contrats librement consentis entre les individus ;

- La suprématie du marché : seul le libre jeu de l'offre et de la demande est susceptible de garantir les libertés individuelles ;

- Toute intervention de l'Etat visant à améliorer la justice sociale est dangereuse : les individus, agents aux talents inégaux, créent naturellement des inégalités de revenus et de fortunes. Ces inégalités ne sont pas des injustices.

La théorie libertarienne part de ces analyses et décrit la société juste comme une société qui assure à chacun de ses membres ce à quoi il a droit, droit naturel provenant de l'exercice de ses propres talents, lui conférant un droit absolu sur ses biens. Selon Nozick (1974)[41], « une société juste est une société libre ».

---

[41] R. Nozick (1974), *Anarchy, State and Utopia*, Oxford, Basil Blackwell

Le libertarisme énonce trois principes fondamentaux d'une société juste :

- La propriété de soi : « L'homme porte en lui-même la justification de la propriété parce qu'il est son propre maître et le propriétaire de sa personne, de ce qu'il fait et du travail qu'il accomplit ».

- Le juste échange : toute propriété légitime est légitimement transférée par un échange équitable (vente, don, héritage,…).

- Le principe d'acquisition initiale : il est possible de s'approprier un bien qui n'appartient à personne, à condition que cela ne remette pas en cause les conditions de vie des autres, voire les améliore.

Selon Nozick, la naissance d'une organisation sociétale conduit à l'apparition d'une « agence de protection » des individus pour garantir à chacun ses droits fondamentaux et naturels. Cette agence se transforme en Etat qui garde un rôle limité, assurant le maintien du respect des droits et libertés de chaque individu. L'Etat, ayant un rôle limité, il ne peut exiger un impôt qui n'est pas librement consenti par les citoyens. Ainsi, il ne peut pas intervenir dans l'économie pour redistribuer les richesses entre les individus car la redistribution brime les droits de propriété des personnes. De ce fait, toutes les politiques sociales de famille, de santé, de retraite et d'éducation doivent être laissées à l'économie de marché. Les deux seuls domaines où l'Etat peut intervenir sont donc pour mettre en place une police efficace (protection) et un système judiciaire adéquat (régler les différends entre les individus).

Ce système libertarien a un certain nombre de conséquences néfastes pour les sociétés. L'Etat se désengage presque totalement en refusant toute forme de redistribution et en supprimant tout service public à la population, ce qui conduit à exacerber les écarts entre les différentes catégories de population. L'application des théories libertariennes conduirait à un dépérissement du rôle politique de l'Etat. Elle conduirait à rompre le lien social existant autour de l'Etat, sans en proposer un nouveau. « La société n'aspirerait plus à rien, expirait et s'abandonnerait aux individus » (S. Caré, 2009)[42]. Toutefois, l'analyse libertarienne souligne la possibilité pour les individus de se regrouper au sein d'associations privées pour faire entendre leur voix. Des communautés se développeraient donc en parallèle sans lien entre elles. En s'attaquant à l'Etat, les libertariens s'attaquent aux valeurs d'une Société comme la tolérance et le pluralisme.

Les précurseurs des libertariens, comme Bucchanan ou Hayek reconnaissent toutefois la nécessité de l'Etat comme un dispositif de neutralisation et comme un moyen d'assurer la pérennité des valeurs de la société libertarienne.

Cependant, la tendance anarcho-capitaliste réfute l'Etat sous toutes ses formes. Pour elle, l'Etat est illégitime et inutile ; en considérant que toute atteinte à la personne et à la propriété privée perpétrée sans consentement constitue une agression. Toute forme d'organisation coercitive est illégitime, y compris l'Etat. De ce fait, l'analyse considère que tous les services de l'Etat doivent être privatisés ; la Défense Nationale, la sécurité intérieure, la Justice, l'Education, la monnaie et la gestion des infrastructures seront confiées au marché.

Les anarcho-capitalistes indiquent que c'est aux étatistes de prouver que l'Etat est indispensable. P. Salin

---

[42] S. Caré (2009), *La pensée libertarienne : Génèse, fondements et horizons d'une utopie libérale*, PUF, Fondements de la politique.

(2000) « Au lieu de considérer que l'Etat est la norme de toute société, il convient de reconnaître que l'individu, relié aux autres individus, est l'unique norme »[43]. Ils soulignent que les étatistes prônent uniquement l'institution étatique dans une société pour que certains (les chefs d'Etat notamment) décident à la place des autres de ce qu'ils doivent faire. La responsabilité individuelle est alors remplacée par une décision collective, qui, selon les anarcho-capitalisme, est irresponsable.

L'anarcho-capitalisme conduit donc à la fin des sociétés, des Nations par la suppression notamment de l'Etat et des frontières, des cultures, ... laissant la place à un marché mondial, susceptible de gérer l'ensemble des échanges.

Il est assez facile de reprocher aux anarcho-capitalistes la légèreté de leur foi dans les comportements humains qui leur fait imaginer une société fondée sur la concurrence et l'ordre spontané. L'humain a une volonté naturelle de dominer d'autres humains ; l'absence de règles communes ne ferait qu'exacerber les pouvoirs et les inégalités, créatrices de nombreuses souffrances. De même, les entreprises, en dehors de toute contrainte, n'iront pas spontanément prendre les décisions bénéfiques pour la collectivité (comme limiter la pollution ou partager davantage les bénéfices entre salariés et apporteurs de capitaux). Les entreprises auront davantage une vision de court terme que de long terme.

L'analyse anarcho-capitaliste insiste également sur le fait que les entreprises doivent rechercher la taille la plus importante possible pour se libérer des pouvoirs étatiques existants et donc des lois qui briment leurs activités. Il

[43] P. Salin (2000), Libéralisme, éds Odile Jacob, Paris

serait ainsi facile pour elles de se retrouver au-dessus des Etats et donc finalement de leur imposer leurs propres lois.

§ 4 - Les conséquences d'une mondialisation exacerbée

Les années 2000 ont vu le développement d'une mondialisation économique et financière non maitrisée. Cette mondialisation exacerbée a d'ores et déjà des conséquences socioéconomiques importantes, même dans les sociétés les plus développées, les plus riches. En France, en 2008, le taux de chômage atteint son plus bas niveau des années 2000. En 2009, le chômage augmente fortement suite à la crise financière de 2008 ; il se stabilise à 10% ensuite jusqu'en 2016 pour s'établir à 9.4% en 2017. Depuis 2013, le taux de chômage des hommes est supérieur à celui des femmes. Sur 29.2 millions d'actifs en France, 75% travaillent dans le tertiaire où l'activité est beaucoup fluctuante que dans le secteur manufacturier et 90% sont salariés. Les emplois à contrat à durée indéterminée restent prédominants (85% des emplois salariés). Mais, les contrats à durée déterminée progressent rapidement chez les moins de 25 ans, où 45% sont dans cette situation. Ces derniers sont rentrés plus récemment sur le marché du travail et sont moins qualifiés.

La contrepartie de ces premières évolutions, c'est que le taux de pauvreté[44], après avoir diminué progressivement jusqu'au début des années 2000 tend par la suite à progresser. Le taux de pauvreté monétaire serait de 14.0% de la population en 2017, touchant ainsi 8.8 millions d'individus. Cette paupérisation de la société s'explique par au moins trois facteurs :

- La croissance du travail à temps limité (soit à temps partiel, soit à courte durée) est à l'origine du

---

[44] INSEE, « Niveau de vie et pauvreté », Tableaux de l'économie française

développement d'une main-d'œuvre « supplétive » dont le rôle est d'amortir l'impact des fluctuations de la conjoncture sur le niveau d'emploi.

En 2016, 1.7 million de personnes étaient en situation de sous-emploi. (6.5% des actifs occupés). Les femmes sont surtout touchées par le sous-emploi (9.4%). Mais les jeunes (11.9%) et les employés non qualifiés (18.2%) le sont encore davantage. Ces populations sont activement à la recherche d'un emploi, souhaitant travailler plus. Toutefois, le sous-emploi recule lorsque la croissance économique reprend et que le chômage diminue.

Tableau 15 : Répartition des emplois (en milliers) selon la durée de temps de travail hebdomadaire.

Années	1975	1980	1985	1990	1995
1- ET Plein	19 703	20 438	19 631	19 985	19 132
2- ET Partiel	1 613	1 786	2 414	2 751	3 568
2 / 1 + 2	7.57%	8.03%	10.47%	12.09%	15.72%
Années	2000	2005	2012	2015	2017
1- ET Plein	19 820	20 594	21 013	22 862	23 747
2- ET Partiel	4 086	4 241	4 507	4 376	5 049
2 / 1 + 2	17.09%	17.08%	17.67%	16.07%	17.53%

Emplois à temps plein ou à temps partiel.

Population métropolitaine, personnes de 15 à 64 ans.

Source : P. Y. Cabannes, Trois décennies d'évolution du marché du travail, Dossier INSEE.

18.8% des personnes en emploi travaillent à temps partiel, ce qui correspond au total à près de 5 millions d'emplois. Près de 30% des femmes travaillent à temps partiel contre 8.2 % des hommes. De même, il est important dans les âges extrêmes ; 24.8% des jeunes (15 - 24 ans) et 22.2% des séniors (50 – 65 ans) travaillent à temps partiel.

Un salarié à temps partiel travaille en moyenne 23.3 heures par semaine contre 39.1 heure pour les salariés à temps plein et 46.2 heures pour les non-salariés. Le temps partiel est stable en 2017 par rapport à 2016.

- La pression du chômage sur les salaires, notamment des jeunes ; ceux-ci plus qualifiés devraient être mieux rémunérés. Or, il apparaît que les salaires des jeunes sur le marché du travail tendent vers le niveau minimal (SMIC). Ce salaire ne correspond pas uniquement à la période de démarrage de la vie active qui serait justifié par un manque d'expérience et d'efficacité, mais se prolonge avec l'enchaînement de contrats courts. La période d'insertion s'accroît nettement dans le dernier quart de siècle.

Ces évolutions conduisent à une diminution continue de la part des salaires du premier décile dans la distribution globale des revenus depuis le début des années 2000. En contrepartie, le dernier décile (les 10% les mieux rémunérés) suit une évolution croissante depuis 2000.

Tableau 16 : Part (en %) des salaires par décile

Années	2004	2006	2008	2010	2015
Décile 1	3.5	3.4	3.2	3.1	3.1
Décile 9	24.5	23.5	26.7	27.1	26.6

Source : INSEE, Tableaux de l'économie française

Ainsi, 10% les moins aisés des salariés n'obtiennent qu'un peu plus de 3% du revenu global ; alors que les 10% les plus aisés reçoivent plus d'un quart de ce montant. De 2000 à 2016, le rapport des niveaux de vie moyen entre les déciles 9 et 1 est passé de 6.27 à 6.71.

Si les inégalités ont baissé de façon continue des années 1970 à la fin des années 1990, elles ont augmenté depuis le début des années 2000.

Tableau 17 : Niveau de vie moyen par décile

Années	2000	2006	2008	2012	2016
Décile 1	7 970	8 550	8 680	8 110	8 380
Décile 9	49 980	55 550	57 840	59 340	56 230
D9 / D1	6.27	6.63	6.66	7.33	6.71

France métropolitaine

Source : INSEE, DGI, Enquêtes, Revenus fiscaux et sociaux

D'ailleurs, l'indice de Gini montre bien cette évolution. L'indice tend à diminuer jusqu'en 2006 pour s'accroître ensuite brutalement.

Tableau 18 : L'indice de Gini (en %) sur longue période

Années	1984	1989	1994	2000	2004
IG	38.4	33.0	32.4	31.2	30.8
Années	2006	2008	2010	2012	2015
IG	29.9	33.08	33.8	33.1	(29.2)

Source : INSEE, Tableau de l'économie française.

- L'endogamie et la polarisation de l'emploi sont des éléments à prendre en compte. Tout comme un chômeur isolé a des difficultés à trouver un emploi, il apparaît que des ménages, dont l'un a déjà un emploi, trouvent plus facilement un deuxième emploi qu'un ménage frappé par le chômage. Ce phénomène renforce les disparités de revenu et de patrimoine.

Ces inégalités entre les citoyens se renforcent dans le temps. En effet, à côté des différences de revenus s'ajoutent des différences de patrimoines beaucoup plus importantes. Entre 1998 et 2015, le patrimoine des français a doublé dû à la fois à la forte croissance des prix de l'immobilier (+133%) et à l'augmentation soutenue du patrimoine financier (+75%).

La composition différente du patrimoine entre les plus aisés et les plus modestes fait également que les inégalités s'accroissent rapidement. Les mieux dotés cumulent immobilier, patrimoine financier et actifs professionnels dont les valeurs peuvent évoluer rapidement. Les moins bien dotés ont essentiellement des comptes courants, livrets ou biens durables (voitures) dont les valeurs évoluent lentement, voire diminuent.

Les 10% des ménages les plus modestes ont moins de 4300 euros de patrimoine (en moyenne 2000 euros en 2015 contre 300 en 1998 et 1400 en 2010). 1% des ménages a un patrimoine négatif. Ce premier décile n'a que 0.1% du patrimoine global. Les 10% des ménages les mieux dotés en patrimoine détiennent plus de 595 000 euros (en moyenne 1 254 000 euros en 2015 contre 552 000 en 1998 et 1 243 000 en 2010). Le début des années 2000 a été marqué par un doublement de leur patrimoine moyen. En valeur, l'écart entre les « riches » et les plus « modestes » s'accroît donc très nettement depuis la fin des années 1990 (le début de la mondialisation).

Même si le rapport D9/D1 s'effondre de 1998 (1842) à 2015 (627), il montre cependant que les plus riches détiennent en moyenne 627 fois plus que les plus pauvres.

Les 1% les plus aisés déclarent des revenus du patrimoine 35 fois plus élevés que les 90% les plus modestes (63 530 euros contre 1790 en 2015). Il est à noter également la forte corrélation entre le montant élevé des revenus et le niveau de patrimoine. En 2015, le 1% de la population le mieux rémunéré gagnait 7 fois plus que le reste des ménages ; 0.01% de la population déclarait des revenus de 1.3 million d'euros en moyenne.[45]

Ainsi, la spéculation immobilière, le poids de la finance dans l'économie, les ruptures d'emploi et l'évolution de la composition de la famille ont accru les disparités de patrimoine qui s'étaient amenuisées pendant les « 30 glorieuses ». Cependant, le niveau de vie des plus pauvres ne progresse plus depuis le début des années 2000. Pour le premier décile, ce niveau de vie des 10% les plus pauvres est, en euros constants, de 690 euros par mois en 2015 contre 684 euros en 2004. La population pauvre a ainsi fortement progressé avec plus d'un million de personnes sur la dernière décennie. Cette évolution est d'autant plus inquiétante que les jeunes sont victimes de la pauvreté. En 2015, 10% des moins de 10 ans et 12.5% des adolescents se retrouvaient en situation de pauvreté en France.

---

[45] INSEE (2016), Division Revenus et Patrimoines des ménages, enquêtes 2014 -2015.

IV

La défaillance de l'Etat et la montée du secteur associatif

L'Etat apparait souvent comme une réponse aux défaillances de marché. Mais, si l'Etat est lui-même défaillant, y-a-t-il une réponse possible dans la société ? Cette réponse peut passer par l'action associative.

§1- La question des concernements collectifs

A travers cette question sur les concernements collectifs, nous nous intéressons à l'altruisme ou à la solidarité dans la société. Certains individus se sentent concernés par des événements qui arrivent aux autres. La science économique a longtemps ignoré cette dimension du comportement humain pour se construire autour du modèle de « l'homoeconomicus », individu parfaitement rationnel et totalement égoïste.

L'analyse des concernements collectifs conserve l'hypothèse de rationalité – les individus continuent à optimiser leur situation – et l'hypothèse d'individualisme – maximisation de leur satisfaction personnelle -. Toutefois, il peut être supposé qu'ils se sentent concernés par certains événements, plus ou moins collectifs, auxquels ils sont sensibles. Il n'est pas nécessaire que tous les individus soient concernés, il suffit qu'il y en ait quelques-uns ; ni qu'ils soient tous très concernés. Dans ce cas, il y a donc concernements collectifs[46].

---

[46] L. Monnier (2007), « Altruisme et rationalité économique : compassion, engagement et logiques associatives », Revue Economie et Solidarités, Ciriec-Canada.

1.1 – Les solidarités intergénérationnelles

La solidarité intergénérationnelle désigne des interdépendances entre les groupes de générations différentes sur des périodes plus ou moins longues. Dans tous les pays, les gouvernements imposent à leurs citoyens des sacrifices financiers afin de procéder à des investissements dont la durée de vie excède très largement celle des contribuables qui les financent. La constitution d'un patrimoine national (l'Elysée, le château de Versailles, la Tour Eiffel, ...) ou encore des grandes infrastructures (ponts, barrages, ...), mais aussi la lutte contre l'effet de serre participe à ces concernements collectifs. Aujourd'hui, la préservation à long terme de l'environnement est devenue l'axe principal des grands concernements collectifs. Le point commun entre tous ces exemples vient du fait qu'ils participent tous à satisfaire les besoins de plusieurs générations, alors que leur financement pèse sur une seule (ou peu de) génération(s). Ainsi, la génération qui prend la décision et qui la finance, sait qu'elle ne sera plus là quand les effets positifs de l'effort commenceront à se faire sentir. La génération des décideurs agit donc à fonds perdu. Par exemple, la durée de vie du CO2 dans l'atmosphère est de l'ordre de 150 à 200 ans, ce qui fait que la génération qui fait des efforts de tous types pour réduire l'émission sera disparue. La question qui apparaît alors est : Comment expliquer, dans une logique libérale, l'existence de ces transferts de charges entre des individus de générations différentes ?

Une réponse libérale, donnée par Pigou dans les années 1920, explique ce type de transferts par l'argument d'autorité. L'intervention de l'Etat serait intrinsèquement coercitive, c'est-à-dire contraignante par nature. L'Etat

---

L. Monnier (2001), « *Les motivations et les valeurs associées au don* », Etude pour la Fondation de France.

chercherait à pallier autoritairement le manque d'intérêt spontané des individus en matière de préservation de l'avenir de la société (préoccupation exclusivement étatique). Il y a bien contrainte publique puisque les individus de la génération présente sont mis dans l'obligation de payer. Toutefois, une question sensible apparaît : Comment un gouvernement, prenant ce type de décision, peut-il espérer se faire réélire ? Il impose des charges fiscales à des électeurs alors que ceux-ci, en totalité ou en partie, ne souhaitent pas assumer individuellement ou collectivement l'action.

Une deuxième question apparaît également, à savoir : comment l'Etat peut-il procéder pour obliger les individus à accepter l'action (et donc la charge) qu'ils souhaitent eux-mêmes entreprendre mais qu'ils ne peuvent réellement concrétiser ?

G. Terny[47] développe une réponse à ce problème, en partant des hypothèses suivantes :

- L'hypothèse d'altruisme : certains individus de la génération présente souhaitent effectivement contribuer au bien-être des générations futures (existence d'un concernement collectif). Ils ne sanctionneront pas, au plan électoral, un gouvernement qui irait dans ce sens.

- La deuxième hypothèse est que le niveau de bien-être des générations futures peut être mesuré par leur niveau de consommation, qui est intégré dans les fonctions de satisfaction des individus de la génération présente –signe de son altruisme -. Cependant, le poids de cette variable est susceptible de varier d'un individu à un autre.

[47] G. Terny (1971), Economie des services collectifs et de la dépense publique, Paris, Dunod ; (1995), Economie des services collectifs et de la dépense publique, Paris, Dunod

Cette variable présente toutes les caractéristiques d'un bien collectif, à savoir :

- La non compétitivité des satisfactions individuelles : tous les individus de la génération présente peuvent profiter conjointement de la satisfaction morale que leur apporte l'amélioration du bien-être des générations futures ;

- La non exclusion : aucun individu de la génération présente ne peut être privé de cette satisfaction morale, même si il n'a pas contribué financièrement et individuellement à cette action.

Les deux caractéristiques d'un bien collectif pur sont réunies ; il va donc que des comportements de passagers clandestins peuvent exister. De ce fait, les individus ne pourront pas régler eux- mêmes ce type de problèmes, ce qui force l'Etat à intervenir.

1.2 – Un modèle de concernement collectif

En repartant du modèle de concernement collectif de Guy Terny, il est possible d'intégrer dans la fonction d'utilité la dépense des générations précédentes qui a conduit à une amélioration de notre bien-être présent et de notre satisfaction à partir de la consommation de biens communs financés antérieurement. Ces biens nous sont transmis par les générations précédentes même si nous ne nous apercevons pas immédiatement du bien-être qu'ils nous apportent et de leur utilité. Ces dons intergénérationnels ont permis le développement progressif des économies (structures scolaires ou hospitalières, voies de transports, ...).

Nous supposerons que la société est formée de trois générations d'individus.

La première génération regroupe les séniors, fortement concernés par ce qu'ils vont laisser aux deux autres générations. Elle développe un comportement altruiste et est prête à des sacrifices financiers pour améliorer le bien-être des générations suivantes. Le comportement de cette génération est conditionné par le bilan des externalités positives et négatives de son activité passée et le résultat constaté généré par les générations qui l'ont précédée. Si son bilan ressort comme négatif, notamment en termes d'environnement naturel, elle aura tendance à être plus intervenante et généreuse vis-à-vis des générations suivantes. Si son bilan ressort comme positif, elle aura tendance à rester dans une vision de consommation à court terme dont les effets sont négatifs. Cette génération représente le résultat des efforts des générations passées.

La deuxième génération est celle des adultes actifs qui peut poursuivre, voire amplifier l'effort de protection de la dernière génération. Cette génération prend conscience de l'urgence de la situation et tente d'atténuer les externalités négatives de ces activités de production et de consommation. Elle bénéficie du comportement des générations passées. Plus les générations antérieures ont participé à la constitution de conditions de vie meilleures, et plus cette génération adulte pérennisera le comportement.

La troisième génération est juvénile, elle n'a pas les moyens financiers pour intervenir mais elle est sensible à tout ce qui touche à l'environnement de sa vie future. Elle peut influencer le comportement des deux premières générations. Ses dons se font notamment en temps.

Ainsi, en s'intéressant à la fonction de satisfaction d'un individu d'une génération, le niveau d'utilité est défini par quatre groupes de variables :

$$Ui = Ui(Ci, Cga, Cgp, Cgf)$$

Où : Ci désigne la consommation courante de l'individu « i »; c'est une variable de nature privative ;

Cga, Cgp, Cgf sont des variables de type bien collectif.

Cga désigne le niveau de consommation en biens collectifs des générations précédentes (et notamment celle des séniors) qui profite aux générations présentes et futures ;

Cgp représente le niveau de consommation en biens collectifs de la génération présente ;

Cgf désigne le niveau de consommation en biens collectifs dont disposera la génération future.

Cga est introduit pour montrer que les générations précédentes ont été sensibles au sort de leurs descendants et ont développé un comportement altruiste plus ou moins prononcé dans le temps.

Il conviendrait donc « d'individualiser » l'action de chaque génération antérieure sur le bien-être des générations présentes. Ainsi, le niveau de satisfaction Ui dépendrait des dépenses en biens collectifs des nombreuses générations qui ont précédé les trois générations restantes :

$$Ui = Ui(Ci, Cga_{-1}, Cga_{-2}, \dots, Cga_{-n}, Cgp, Cgf)$$

Si toutes les générations passées ont eu pour objectif d'améliorer la satisfaction, et donc le bien-être de leurs descendants, seule la dernière génération, encore vivante, peut infléchir par leur comportement, notamment de dons, le niveau de satisfaction des générations présentes et futures.

De même, Cgp est introduit pour montrer que la génération présente est sensible au sort de ses contemporains. Il est donc logique d'introduire un arbitrage possible, au sein de la variable altruisme entre solidarité envers la génération présente et solidarité envers les générations futures.

En différenciant les trois générations, nous obtenons trois fonctions d'utilité, à savoir :

Pour la génération plus âgée :

$$Ui_a = Ui(Ci, Cga, Cgp, Cgf)$$

Pour la génération présente :

$$Ui_p = Ui(Ci, Cga, Cgp, Cgf)$$

Pour les générations futures :

$$Ui_f = Ui(Ci, Cga, Cgp, Cgf)$$

A partir de ces fonctions, il est alors possible de déterminer la fonction de satisfaction marginale de l'individu « i », appartenant à une génération donnée.

La solution mathématique est donnée par la différentielle de la fonction de satisfaction qui est la somme de quatre différentielles partielles :

$$dUi = \frac{\delta Ui}{\delta Ci}.dCi + \frac{\delta Ui}{\delta Cga}.dCga + \frac{\delta Ui}{\delta Cgp}.dCgp + \frac{\delta Ui}{\delta Cgf}.dCgf$$

Cette fonction mesure la variation de sa satisfaction personnelle selon les différentes décisions qu'il envisage de prendre. Concrètement, cela signifie que la satisfaction de l'individu « i » réagit aux quatre sources possibles de variations ; chaque dérivée partielle mesure le taux de réponse de l'utilité de l'individu « i » à la variation de la variable correspondante.

La formule dUi cherche à simuler le bilan fait par l'individu sur ce que cela lui apporterait et ce que cela lui coûterait. Si le coût est facile à définir (coût matériel du don) ; l'apport est d'ordre moral et donc difficilement évaluable. La formulation du modèle suppose que la satisfaction du donateur dépend de la réalité de l'amélioration de la situation matérielle des personnes qu'il cherche à aider. Les donateurs sont considérés comme normaux et ne cherchent pas à en tirer un profit autre que moral[48].

Pour simplifier la présentation du modèle, nous allons poser que :

$$\frac{\delta Ui}{\delta Ci} = 1 \qquad \frac{\delta Ui}{\delta Cga} = a \quad \text{avec } a < 1$$

$$\frac{\delta Ui}{\delta Cgp} = b \qquad \frac{\delta Ui}{\delta Cgf} = c \quad \text{avec } b, c < 1$$

Ainsi, il advient que :

$$dUi = dCi + a.dCga + b.Cgp + c.dCgf$$

Le taux de réponse de l'utilité de l'individu « i » à une variation de sa consommation personnelle est de 100%. Le taux de réponse aux autres variables est plus faible. L'individu, même altruisme, est donc plus sensible à ce qu'il lui arrive qu'à ce qu'il advient pour les autres. Il n'en tire qu'une satisfaction morale et indirecte, donc partielle. Toutefois, il serait également possible « d'individualiser » les coefficients d'altruisme, ce qui permettrait de mieux

[48] Il ne s'agit pas de dons d'autosatisfaction, de domination ou encore d'humiliation. Toutefois, on peut considérer les dons de temps qui coûtent à la personne et qui ont une valeur hautement symbolique ou encore le don de la main à la main.

appréhender la subjectivité des préférences individuelles entre les groupes fortement altruistes et ceux qui y sont faiblement.

$$dUi = dCi + a1.dCga + a2.dCga + \cdots + b1.dCgp + b2.dCgp + \ldots + c1.dCgf + c2.dCgf + \cdots$$

Dans le modèle de G. Terny, ces paramètres sont des moyennes de préférences individuelles, ce que nous retenons.

1.3 – Le comportement rationnel d'un individu isolé

En supposant que k désigne le taux de transformation entre la consommation présente et la consommation future ; le don d'un euro par la génération présente permet d'accroître de k euros la consommation de la génération future. Ce taux de transformation montre que le don monétaire, à un moment donné, a rapporté un intérêt dont bénéficie la génération future.

Dans ces conditions, tout individu qui offre un euro pour les générations futures en retire un gain brut de satisfaction personnelle de « $d.k$ » euros. Ce gain de satisfaction du donateur provient des k euros dont bénéficiera la génération future pondérée par le coefficient d de réponse de sa satisfaction personnelle à l'augmentation de bien-être des autres.

Ainsi, la variation nette de l'utilité du donateur s'écrit :

$$dUi = -1 + d.k$$

Son bilan marginal indique la différence entre ce qu'il perd en consommation courante (donc en satisfaction directe) et ce qu'il gagne en satisfaction morale (donc indirecte).

Un individu rationnel ne passe à l'acte de don que s'il en retire un supplément net de satisfaction égal à : $dUi > 0 \ si \ d.k > 1$.

Selon G. Terny, même un individu particulièrement altruiste a une valeur de *c* très inférieure à l'unité ($d = 0.1$). Cela correspond à un individu qui considère que le don de 10 euros mis à la disposition de la génération future lui apporte la même satisfaction personnelle qu'un euro consacré à sa consommation privée. Il internalise donc à 10% l'accroissement du bien-être de la génération future. Il suppose également la valeur de *k* ($k = 2$), revenant à dire que pour un euro prélevé sur la consommation présente, il y aura 2 euros de restitution sur les générations futures[49].

Dans ces conditions,

$$dUi = -1 + 0.1 * 2 = -0.8$$

Le résultat étant négatif, le don n'aura pas lieu ; et montre le « paradoxe de l'altruiste isolé ». L'individu altruiste se comportera exactement comme un individu parfaitement égoïste. La préférence altruiste ne parvient pas à s'exprimer. Les individus, devenus altruistes, continuent à faire les mêmes choix (égoïstes) qu'auparavant. Il y a donc, en matière d'altruisme, un vrai problème de passage à l'acte sur le plan individuel et sur le plan collectif.

[49] En supposant un taux d'intérêt sur un placement à 25 ans de 3%, on obtient : $1.03^{25} = 2.09$. Ainsi, il apparait que plus le taux d'intérêt est faible, plus le taux de restitution (*k*) est faible. Cependant, le taux s'accroît avec la longueur de la période.
Par exemple, si les taux à long terme diminuent et passe à 1.5%, alors le taux de restitution ne sera que de 1.45. Il faudra alors un demi-siècle pour avoir le même taux de restitution (2.10).

1.4 – Le comportement rationnel d'individus agissant conjointement

Le paradoxe de l'altruiste isolé peut être levé en prenant en compte la non rivalité des satisfactions personnelles. En effet, la satisfaction qu'un individu retire de l'amélioration du sort des générations futures ne vient pas diminuer la satisfaction que d'autres altruistes peuvent éprouver eux aussi à cette même occasion.

Chaque altruiste retire une même satisfaction que l'évènement soit dû à son propre don ou de dons faits par d'autres individus. De ce fait, dans l'hypothèse d'une action conjointe de plusieurs donateurs, l'accroissement de satisfaction morale retiré par chacun d'entre eux, du fait de la contribution des autres, compenserait plus facilement la diminution de satisfaction matérielle liée à sa propre contribution.

En fonction de ce nouveau comportement, il convient de modifier la formule de calcul du bilan marginal du donateur potentiel. Il faut donc passer d'un calcul économique sur une décision strictement individuelle à un calcul économique individuel de décision conjointe. Chaque individu continue à calculer son bilan marginal individuel, tout en supposant que les autres agissent comme lui.

Supposons dans un premier temps que seuls les individus de la génération présente se sentent concernés par le supplément de satisfaction qu'ils apportent aux générations futures. En supposant l'existence d'un groupe d'individus, disposés à agir en équipe, la variation de satisfaction de chacun d'entre eux lorsque tous donnent un euro pour les générations futures, sera égale à :

$$dUi = -1 - b.(n-1) + d.n.k$$

$$dCi \quad dCgp \quad dCgf$$

Où : $b.(n-1)$ mesure la baisse de la consommation de la génération présente puisqu'elle contribue collectivement au financement du don. La génération présente s'appauvrit $b.(n-1) < 0$;

$(n.k)$ mesure l'augmentation de la consommation de la génération future.

A partir de là, chaque individu acceptera de contribuer au don collectif si son $dUi > 0$. En conservant les mêmes valeurs ci-dessus et en posant $b = 0.15$, traduisant le fait que le niveau de satisfaction de l'individu « *i* » est probablement plus sensible à un accroissement de consommation offert aux générations futures. C'est un altruisme dit de proximité temporelle.

En intégrant les valeurs définies ci-dessus

$$dUi = -1 - 0.15 * (n-1) + 0.1 * 2n$$

$$dUi > 0 \quad si \quad n = 17$$

Finalement, le modèle conclut qu'un investissement individuel d'un euro entraînera une amélioration de la satisfaction de chacun des donateurs à partir du moment où 17 d'entre eux coopèrent. Le nombre de donateurs permet ainsi de compenser la relative faiblesse des niveaux individuels d'altruisme.

En reprenant le modèle à trois générations et en supposant un groupe de « *n* » individus donateurs répartis également entre les générations antérieure et présente (n/2) et disposés à agir en équipe (ou association). Il est supposé que $a = 0.20$; $a > b$ indiquant que les individus de la génération antérieure sont plus altruistes que les personnes de la génération présente et cherchent davantage à accroître le niveau de satisfaction des générations futures. Cette hypothèse peut se justifier de la façon suivante : la génération des séniors veut améliorer la situation des plus jeunes, ayant conscience d'une évolution défavorable sur le long terme. Il faut faire quelque chose d'utile pour l'avenir ; la génération des séniors a bénéficié des « Trente Glorieuses » et a un niveau de vie, lui permettant de financer des actions collectives, notamment pour l'environnement ; enfin, elle a du temps à consacrer pour créer des associations visant à développer des actions collectives.

La variation de satisfaction de chacun d'entre eux lorsque tous donnent un euro pour les générations futures, sera égale à :

$$dUi_a = -1 - a_1.\left(\frac{n}{2} - 1\right) + a_2.\left(\frac{n}{2} - 1\right) + b_1.\left(\frac{n}{2}\right) - b_2.\left(\frac{n}{2}\right) + d.k.n$$

$$dUi_p = -1 + a_1.\left(\frac{n}{2}\right) - a_2.\left(\frac{n}{2}\right) - b_1.\left(\frac{n}{2} - 1\right) + b_2.\left(\frac{n}{2} - 1\right) + d.k.n$$

L'interprétation de cette variation de l'utilité de la première génération se fait de la façon suivante :

$a_1.\left(\frac{n}{2} - 1\right)$ évalue la diminution de la satisfaction du donneur sénior provenant de son don pour les autres générations ;

$a_2.\left(\frac{n}{2} - 1\right)$ définit l'augmentation de son niveau de satisfaction résultant de l'amélioration de la situation des autres générations

$b_1.\left(\frac{n}{2}\right)$ détermine la diminution de l'utilité du donneur sénior venant de la dégradation de la situation des adultes donneurs qui ne peuvent consommer autant.

$b_2.\left(\frac{n}{2}\right)$ indique l'augmentation de l'utilité du donneur sénior venant de l'amélioration de la situation des autres générations.

a_1 est faible car les séniors voient leur situation se dégrader de manière infime du fait de leurs dons alors qu'ils ont le sentiment qu'ils apportent beaucoup aux autres générations ; a_2 est plus élevé. Le transfert intergénérationnel est efficace dans l'évaluation des variations du niveau de leur satisfaction.

Ainsi, pour les séniors, la fonction d'utilité peut s'écrire :

$$dUi_a = -1 - 0.05.\left(\frac{n}{2} - 1\right) + 0.20.\left(\frac{n}{2} - 1\right) + 0.15.\left(\frac{n}{2}\right) - 0.10.\left(\frac{n}{2}\right) + 0.10.2.n$$

Pour que la variation du niveau de satisfaction d'un individu « sénior » soit positive, il suffit que n soit égal à 4. Cela montre qu'il est aisé d'intervenir en association pour changer la situation de toutes les générations présentes et futures.

En modifiant les proportions des deux groupes donneurs séniors et adultes, on note que plus la proportion de la génération sénior dans le groupe de donneurs est élevée et plus le nombre d'individus nécessaires, pour accroître la satisfaction d'un individu de cette génération, est faible. De même, plus la proportion de la génération adulte dans le groupe de donneurs est élevée et plus le nombre d'individus nécessaires doit être élevé.

Pour les individus adultes

$$dUi_p = -1 - 0.20.\left(\frac{n}{2} - 1\right) + 0.05.\left(\frac{n}{2} - 1\right) + 0.10.\left(\frac{n}{2}\right) - 0.15.\left(\frac{n}{2}\right) + 0.10.2.n$$

Pour que la variation du niveau de satisfaction d'un individu « sénior » soit positive, il suffit donc d'une petite équipe ($n = 4$) pour avoir une amélioration de la satisfaction de toutes les générations.

En modifiant les proportions des deux groupes donneurs séniors et adultes, on note que plus la proportion de la génération adulte dans le groupe de donneurs est élevée et plus le nombre d'individus nécessaires, pour accroître la satisfaction d'un individu de cette génération, est faible. De même, plus la proportion de la génération adulte dans le groupe de donneurs est faible et plus le nombre d'individus nécessaires doit être élevé.

Le fait que toutes les générations soient concernées par le don, renforce le sentiment de faire bien et donc l'amélioration de la satisfaction de tous.

Il convient de noter que la modification de l'affectation des ressources générées par cet ensemble de dons est « Pareto optimale » puisque tous les individus y gagnent que ce soit les générations futures qui seront les bénéficiaires des dons que les individus altruistes de la génération présente qui trouvent, dans ce don collectif, le moyen qui leur manquait pour pouvoir exprimer leurs préférences altruistes latentes. Ainsi, la satisfaction de chacun des altruistes sera plus forte du fait de sa participation au don collectif qu'elle n'aurait été en l'absence générale de dons.

Ces phénomènes de solidarité contribuent à structurer la société non seulement verticalement (des donateurs les plus aisés vers les receveurs les plus en difficultés), mais aussi horizontalement c'est-à-dire au sein du même groupe des donateurs. L'analyse économique arrive au résultat suivant « Seul, on ne peut rien faire d'utile, ni pour ceux que l'on cherche à aider, ni pour soi-même ». Il faut remarquer également que chaque individu du groupe donateur voit sa satisfaction individuelle augmenter ; il est donc moins affecté (en groupe) par la perte de satisfaction matérielle que le don oblige à réaliser que par l'augmentation de sa satisfaction matérielle et morale issue de ce don collectif.

Le problème est alors d'organiser la coopération des donateurs potentiels. Selon G. Terny, c'est à l'Etat que revient la charge de jouer le rôle de décideur unique en :

- Evaluant les dispositions à payer des individus de la génération présente pour les générations futures ;

- Imposant aux citoyens contribuables la fiscalité nécessaire au passage à l'acte. Selon G. Terny, « Seul le pouvoir de contraindre de l'Etat permet d'imposer aux individus une coopération que tous désirent … mais qu'ils sont incapables de concrétiser par eux-mêmes ».

1.5 – La portée normative de l'approche

L'Etat est-il capable de concrétiser l'attente des individus altruistes ? Leur attente serait satisfaite que si l'Etat savait mesurer scientifiquement les valeurs des divers paramètres. Or, il s'agit de préférences individuelles (et subjectives) pour un comportement collectif. La mesure est par nature imprécise puisqu'elle doit tenir compte des comportements de passagers clandestins.

Toutefois, la méconnaissance de ces valeurs n'interdit pas à l'Etat d'intervenir car cela reviendrait à ce que l'Etat ne tienne, en aucun cas, compte des préférences des individus (électeurs) pour les générations futures. Il choisirait donc d'évaluer les paramètres à une valeur nulle. Ce choix étatique serait aussi arbitraire que de fixer des valeurs significativement différentes. L'Etat se trouve donc « pris au piège » de la politique économique, puisqu'il ne peut plus échapper à une intervention (« ne pas intervenir » est un choix de politique économique). Le gouvernement est donc inévitablement jugé (politiquement et électoralement) sur son attitude en matière de prise en compte de l'avenir. L'analyse de l'électeur se fait en deux temps : 1 : L'Etat a un rôle à jouer ; 2 : Que fait le gouvernement ?

L'analyse économique permet ainsi de désigner clairement les responsabilités de politique économique : « C'est à l'Etat de le faire ! ». Cette analyse permet donc de s'interroger sur le rôle économique des institutions et des systèmes politiques. Du point de vue de l'analyse économique, il convient de considérer que l'une des fonctions du pouvoir politique, en régime démocratique, est d'assumer, le temps d'un mandat électoral, l'intuition de la société qui, pour différentes raisons, ne réussit pas à s'exprimer spontanément. Ainsi, l'intervention de l'Etat permettrait d'introduire une dimension expérimentale en matière de valorisation des grands concernements collectifs. Les électeurs sont, par la suite, mis en position de juger les choix qui ont été effectués par le gouvernement.

Dans ces conditions, une question importante apparaît : Une majorité d'individus se reconnaissent-ils dans les choix collectifs qui ont été effectués en leur nom ? Finalement, le rôle technique de l'Etat serait de transformer une impossible révélation ex ante des préférences individuelles (pour cause de comportement de passagers clandestins) en une possible révélation ex post. L'Etat remplit alors son rôle de décideur unique ou institutionnel. Quant au rôle politique de l'Etat, il est assumé par le(s) gouvernement(s) en place sur le mandat. Le gouvernement doit faire en sorte que les individus citoyens confirment les choix qu'il a fait en leur nom pendant son mandat.

Cependant, on peut considérer que, indépendamment des comportements de passagers clandestins, les individus ne connaissent pas toujours eux-mêmes leurs véritables préférences pour certains grands concernements collectifs et donc leurs propres dispositions personnelles à payer. Sous cette hypothèse, certains citoyens attendraient, plus ou moins consciemment, du gouvernement qu'il lance des politiques publiques sur lesquelles ils pourront se prononcer a posteriori.

Dans ces domaines, notamment de grands concernements collectifs, il y aurait à la fois :

- Une offre gouvernementale de politiques publiques (si possible innovantes), mais ces actions vont se traduire par de nouvelles dépenses publiques et de nouveaux impôts.

- Une demande des citoyens électeurs permettant de tester leurs propres préférences individuelles.

§ 2– Concernements collectifs et initiatives associatives

Le modèle, développé ci-dessus, a montré que la prise en compte d'un concernement collectif passe forcément par un processus de décisions conjointes d'individus. Mais encore faut-il qu'ils trouvent le moyen d'organiser concrètement leur mouvement commun ?

2.1 – Décideur unique ou action associative ?

Le recours à un décideur unique correspond à une solution coercitive de l'Etat. Il utilise la contrainte publique pour garantir à chacun que tout le monde participe effectivement au financement d'une opération d'intérêt général. Le recours à la contrainte publique s'analyse alors comme une garantie offerte par l'Etat d'une participation collective au projet. Mais que faire lorsque la défaillance de l'Etat est constatée ?

Ce constat peut être fait à différents niveaux :

- Pour un concernement collectif international, les entités étatiques sont livrées à eux-mêmes sans autorité hiérarchique. Comment faire pour que tous les Etats participent à la lutte contre l'effet de serre ? En principe, chaque Etat est souverain que ce soit un pays à niveau de revenu moyen et qui voit dans son industrialisation un moyen d'accroître le niveau de vie de ses concitoyens (Chine) ou que ce soit un pays riche qui veut préserver, voire accentuer, son hégémonie.

- Pour un concernement collectif national ou infranational, le décideur unique peut être défaillant ; mais une association sans but lucratif peut chercher à collecter des fonds pour financer une grande cause collective. Cette association dispose d'une structure de gouvernance, sans qu'elle n'ait de capacité réelle de contrainte ni sur le comportement des membres de l'association, ni sur celui des donateurs potentiels auxquels l'association fait appel pour financer son action.

Comment alors passer du calcul individuel isolé (qui n'aboutit jamais) au calcul individuel de décisions libres (sans contrainte possible) et conjointes (permettant l'aboutissement).

Toute action caritative repose sur l'hypothèse qu'il existe des dispositions à payer (donner) chez certains individus pour une grande cause. Toutefois, deux cas coexistent, ou ces dispositions à payer sont préexistantes, ou bien l'association cherche à les susciter en sensibilisant la population par un travail militant.

A partir de ces possibilités, le problème de l'association devient technique, en essayant de transformer ces dispositions à payer latentes en dons effectifs permettant le financement d'une cause. A cette fin, l'association doit neutraliser le réflexe d'inhibition de tous ceux qui hésiteraient à donner parce qu'ils craignent d'être les seuls à le faire. L'association se doit de fiabiliser le processus collectif de dons pour sécuriser les donateurs potentiels. Concrètement, l'association doit garantir aux donateurs individuels qu'ils participent à un processus collectif de dons.

L'exemple du téléthon (but : aider la recherche médicale sur certains types de maladies) est intéressant à cet égard. Le système consiste à mobiliser, sur un créneau chronologique donné, la plupart des grands média en organisant un pointage méticuleux de l'évolution du montant des dons. Ainsi, les donateurs potentiels sont en position de constater la réalité du déroulement du processus collectif, en leur offrant la garantie du montant donné et du nombre de donneurs.

D'où l'idée qu'en l'absence de contrainte publique, un système de mouvement conjoint, organisé et autocontrôlé, permet aussi de faire aboutir certains concernements collectifs. Chaque participant a bien la garantie de participer à un mouvement collectif. Mais, cette orchestration nécessite des coûts d'organisation importants. De ce point de vue, le recours à la contrainte publique apparaît plus rationnel, en étant plus économe en termes de coûts d'organisation. Cependant, d'un autre côté, la solution associative comporte des avantages spécifiques qui font que même si le recours à un décideur unique est possible, il peut être intéressant de passer par une association, notamment parce que l'appel au bénévolat permet de réduire les coûts et d'augmenter le volume global de contributions.

2.2 – La théorie des demandes hétérogènes

Quand un gouvernement décide d'un taux d'imposition, il est forcément conduit à prendre la moyenne du niveau « supposé » des dispositions à payer des différents citoyens. Ce résultat s'explique par l'ignorance des véritables dispositions individuelles à payer et le principe juridique de « l'égalité de tous devant l'impôt ». Ces deux raisons sont étroitement liées.

Mais, toute décision fiscale conduit forcément à une division de la population des contribuables en trois sous-ensembles, à savoir :

- Les contribuables dont les dispositions fiscales sont inférieures à la moyenne. Ils sont contraints en payant plus qu'ils ne le souhaitent. Ils sont définitivement mécontents du choix du gouvernement et vont chercher une solution par l'exil volontaire vers un pays à moindre fiscalité. Si cette solution est difficile pour le travail qui tire ses revenus sur place, elle est très facile pour le capital qui peut s'implanter partout.

- Les contribuables dont la disposition à payer est exactement égale à la moyenne fixée par l'Etat. Ils sont satisfaits du choix du gouvernement. Cependant, ils ne seront vraiment satisfaits que s'ils sont d'accord avec le niveau global des dépenses publiques (financées par l'impôt et les différents prélèvements) et la structure de la dépense publique (répartition des dépenses en fonction des différents postes : Education, Défense Nationale, Sécurité intérieure, ...). La probabilité qu'un citoyen soit pleinement satisfait est alors très faible ; un gouvernement fait toujours plus de mécontents que de satisfaits. Cette contrainte gouvernementale est liée à la nature de la décision à prendre. Un gouvernement doit prendre une décision unique à partir de préférences individuelles hétérogènes.

- Les contribuables dont les dispositions fiscales sont supérieures à la moyenne. Ils se sentent frustrés par le fait que la société ne leur semble pas suffisamment solidaire. Alors, ils peuvent trouver satisfaction dans l'action associative. L'existence d'associations ou la possibilité d'en créer, leur offre le moyen d'un complément de solidarité non étatique et parfaitement individualisé. Ce complément de solidarité est en mesure de les satisfaire exactement à hauteur de leur disposition personnelle à payer, non seulement du point de vue du niveau global de fiscalité, mais aussi sous l'angle de chaque type de concernement collectif. La dispersion du mouvement associatif est naturelle, en étant conforme à sa fonction sociétale (B. Weisbrod, 1988). Alors que l'Etat standardise les actions, les associations les individualisent. Or, la dispersion des attentes individuelles est considérablement plus forte, en matière d'altruisme, que pour les services collectifs classiques. De ce fait, l'action humanitaire, l'aide sociale, l'action culturelle, l'environnement, … ouvrent un large champ à l'action associative, car, dans ces domaines où la subjectivité joue un rôle majeur, la standardisation des choix collectifs est particulièrement réductrice.

2.3 – La structuration d'une société complexe

L'analyse de B. Weisbrod[50] a débouché sur une

---

[50] B. Weisbrod (1988), *Nonprofit Economy*, Harward University Press.

conception architecturale des différentes techniques possibles de prise en compte des concernements collectifs au sein d'une société devenue de plus en plus complexe.

Il oppose deux grands types d'organisations :

- Des entités publiques nationales ou locales dont les actions sont financées par la fiscalité. La fiscalité nationale traduit l'idée que le gouvernement se fait des préférences collectives dans l'ensemble du pays et la fiscalité locale tient compte d'éventuelles disparités spatiales des préférences collectives. Dans la théorie des choix publics, ce choix est guidé par la valeur médiane (des dispositions individuelles à payer), car les gouvernements recherchent une majorité (Cf. la théorie de la dictature de l'électeur médian).

- Des entités privées hétérogènes dont les actions sont financées sur des fonds privés et complémentaires. On peut distinguer des financements privés de type club qui apportent un complément de biens « collectifs » grâce à l'initiative privée et la mise en œuvre de techniques d'exclusion (donc bien loin des comportements altruistes) et des financements privés de type associatif qui permettent à des individus spécialement motivés, d'aller volontairement au-delà des contributions fiscales obligatoires. Ces procédures de financement associatives sont complètement individualisées et répondent à des motivations d'intérêt général.

Cette architecture complexe d'initiatives publiques et privées doit permettre aux sociétés – dans leur ensemble et dans leur diversité – de se rapprocher de l'optimum collectif.

La théorie des demandes hétérogènes doit être complétée par une théorie des offres hétérogènes, car non seulement le niveau, mais aussi la façon de contribuer au financement des concernements collectifs peut varier considérablement d'un individu à l'autre. Il y a des écarts de préférences individuelles possibles et des écarts de dispositions à payer.

Ainsi, la contribution d'un individu peut se faire, soit par un financement classique (paiement de l'impôt et don en monnaie), soit par une contribution en nature (bénévolat associatif) en mettant du temps de travail à la disposition des autres.

Finalement, la société, dans son ensemble, doit chercher à articuler, de manière la plus efficace possible, cette double hétérogénéité des offres et des demandes. L'analyse de B. Weisbrod reste cependant très statique et la question de l'évolution de l'architecture des sociétés n'est pas abordée.

Or, depuis les années 1980, on constate deux évolutions :

- Un certain recul de l'Etat providence qui s'amplifie avec le temps ;

- Une montée en puissance du secteur associatif remplaçant progressivement certaines fonctions sociales de l'Etat.

Des interprétations possibles peuvent être données à ces évolutions.

Il s'agirait tout d'abord d'un mouvement de substitution du secteur « non profit » au secteur public ; le premier prenant la place laissée volontairement par le second, considéré comme moins efficace.

Il s'agirait ensuite d'un mouvement de mise en complémentarité des secteurs public et associatif ; chacun cherchant à occuper la place où il est le plus efficace pour la société. Le mouvement de remplacement progressif ne serait que le moyen de passer d'un partage initial des rôles, hérité de l'histoire et devenant mal adapté aux contraintes et problèmes à résoudre, à une complémentarité moderne et plus rationnelle entre ces deux secteurs.

Il peut s'agir enfin d'un mouvement de contestation de l'Etat qui ne joue plus son rôle, notamment dans les grands concernements collectifs ; les individus citoyens reprendraient en main l'avenir de la société et leurs rôles dans celle-ci, en définissant, de façon collective au travers d'associations (ou mouvements), leurs priorités individuelles et globales de façon cohérente (meilleure répartition des responsabilités, des richesses,.. face à un avenir qui leur échappe). C'est une interprétation un peu excessive et peut-être un peu prématurée dans le temps.

L'idée de la mise en place d'une complémentarité fine des actions publiques et associatives dans un même domaine d'activités conduit à dire que les deux secteurs seraient capables de résoudre ensemble certains problèmes socioéconomiques qu'aucun des deux acteurs, pris isolément, ne pourrait résoudre à lui seul.

Avec l'idée de substitution, il y a toujours l'idée de concurrence. Ainsi, analyser les relations entre le secteur public et le secteur associatif en termes de substitution revient à introduire une compétition entre les deux secteurs ; cherchant à se développer au détriment de l'autre. A l'opposé, l'idée de complémentarité suppose la non compétition. Ainsi, analyser les relations secteur public / secteur associatif en termes de complémentarité revient à poser le problème en termes de développement conjoint ou de coopération entre les deux secteurs. Cette différence conceptuelle implique une conception opposée d'évolution de la société. Dans certains secteurs d'activité (exemple habitat social), des axes mixtes de politique économique ont été développés. Ces politiques procèdent d'initiatives conjointes venant des deux secteurs, supposant une concertation et une coordination de projets communs. Il apparait donc une logique de co-pilotage d'un mouvement d'ensemble de la société civile (les associations) et institutionnelle (les pouvoirs publics) vers une économie plurielle (hétérogénéité des acteurs) et combinatoire (hybridation des types d'organisations).

L'exemple des services de proximité rend compte de cette coopération entre les deux secteurs. Il conjugue étroitement deux types de logiques : d'une part, une forte intervention étatique à la fois pour solvabiliser une partie de la demande potentielle et pour fiabiliser l'offre de services et, d'autre part, laisser le champ libre aux associations pour répondre au besoin d'individualisation du service tout en réduisant le coût de production du service et le coût de facturation pour les personnes demandeuses selon leur niveau de vie.

2.4 – La montée et le changement de nature des associations.

Depuis le début des années 2000, le paysage associatif français a considérablement évolué en poids et en objectifs. En 2005, le secteur associatif était constitué de 1.1 million de structures associatives qui regroupaient un volume de 1.05 million d'emplois en équivalent temps plein et près de 14 millions de bénévoles. Le paysage associatif correspond donc à une mosaïque « de petites associations fonctionnant à partir du travail de bénévoles et de petits budgets »[51]. Même si les jeunes étaient

[51] Ministère de la Santé et de la Jeunesse et des Sports (2007), Bulletin de statistiques et d'études, n°7.04, *Le paysage associatif français*.

présents dans les structures associatives, ces dernières étaient dirigées majoritairement par des séniors, du fait de leur disponibilité et de leurs qualifications professionnelles. En effet, la catégorie « cadres » était largement représentée dans les associations et permettait à la fois leur ancrage et leur développement. Dès le début des années 2000, il est noté l'arrivée de nouvelles associations dont le but est plus collectif en s'attachant à de grandes causes, notamment la défense de l'environnement et la défense des consommateurs et du cadre de vie.

Actuellement, le monde associatif, après quelques années de creux, retrouve une certaine vitalité. A partir de 2014, le nombre de créations d'association est en moyenne proche des 65 000 par an (73 300 entre septembre 2016 et août 2017). Il existe plus de 1.3 million de structures associatives sur tout le territoire français dont le volume d'emploi dépasse 1.8 million, soit environ 10% des salariés du secteur privé. Même si le nombre de bénévoles a légèrement diminué, il reste élevé et atteint les 13 millions[52]. En 2016, près de 40% des français désiraient consacrer du temps pour les autres, en dehors de la famille. La croissance de cet engagement est aujourd'hui plus portée par les hommes et des générations plus jeunes. 65% des engagés dans la vie associative ont actuellement moins de 65 ans. Ce retrait des plus âgés peut être expliqué par deux arbitrages différents, à savoir : le premier est expliqué par la nécessité de trouver un équilibre entre leur engagement associatif, leurs activités personnelles et des solidarités familiales plus fortes ; le deuxième vient du fait que certains, marqués par des

---

[52] Ministère de l'Education Nationale et de la Jeunesse (2017), *« La France associative en mouvement en 2017 »*.

évolutions trop lentes par rapport à leur engagement, se lassent ou sont désabusés et abandonnent les activités associatives.

Cependant, le rajeunissement de l'activité collective se traduit par une transformation des mobiles liés à l'action associative[53]. L'envie d'agir face au contexte actuel est exprimée par la moitié des bénévoles. De nombreux membres souhaitent avoir plus de responsabilités dans leur association, y consacrer plus de temps et affirmer leur mission.

Les bénévoles veulent donner « un sens accru à leurs actions et leurs motivations plus affinées, suscitant une exigence plus forte concernant l'efficacité des actions menées au sein de leur association (…). Cette préoccupation s'accompagne aussi d'une exigence bien légitime, de soutien de la part d'autres bénévoles, d'une plus grande attention de la part des dirigeants, d'une écoute plus attentive et d'une meilleure reconnaissance de l'action bénévole ».

Chacun tenterait-il de reprendre en main l'évolution de la société qui lui échappe complètement aujourd'hui, pour bon nombre d'entre nous ?

Que ce soit une association ou un mouvement, chaque individu tente de rechercher « la force du collectif », « des valeurs de solidarité » et de « la citoyenneté » pour tenter d'influencer cette évolution qui nous est imposée. Nous retrouvons ces divers objectifs dans le mouvement des « gilets jaunes », même si il a été rattrapé, détourné, voire utilisé, par l'arrivée des casseurs (black blocs) et par le gouvernement qui veut les marginaliser pour poursuivre sa politique économique sans tenir compte des choix sociaux

---

[53] Recherches et Solidarités (2017), Enquêtes annuelles du baromètre d'opinions des bénévoles.

exprimés par la société. D'ailleurs, une grande majorité de la population soutient encore cette cause et, en même temps, n'accorde pas sa confiance envers la politique gouvernementale.

Il reste que le nombre d'associations décroît lorsque les politiques gouvernementales sont plus tournées vers le social et croît fortement lorsque les politiques deviennent plus libérales. Le mouvement associatif remplacerait donc l'Etat qui se désengagerait progressivement de la protection sociale des différents membres de la société.

Sommes-nous les gardiens de nos enfants ?

Nous devons veiller aujourd'hui à ce que l'homme et la nature soient remis au cœur du fonctionnement de nos sociétés. Ces dernières sont aujourd'hui égocentriques, oubliant à la fois leurs valeurs fondamentales et leurs finalités.

Il y a un demi-siècle, le Président Georges Pompidou disait le 20 février 1970 : « L'emprise de l'homme sur la nature est telle qu'elle comporte le risque de destruction de la nature elle-même. (...) La nature nous apparait comme un cadre précieux et fragile qu'il importe de protéger pour que la Terre demeure habitable à l'homme ».

L'homme ne doit pas se comporter comme le propriétaire de la nature, mais comme son gardien. Nous sommes dans une ère charnière, où face aux planifications de plus en plus démesurées de l'homme, la nature décidera et lui imposera ses limites.

Les intérêts particuliers, devenant prééminents, détruisent progressivement les fondements des sociétés bâties sur les solidarités entre les hommes et entre l'homme et la nature.

Ainsi, il est donc nécessaire et urgent d'inscrire dans nos préoccupations spirituelles, les préoccupations matérielles des générations futures.

Conclusion

La relation Etat (Nation) / Economie (marché) a été posée en termes d'équilibre de pouvoirs au sein de la société. Or, ces deux entités ont des logiques différentes. La logique d'une Nation est intégratrice. Dans sa théorie générale de l'Etat, R. Carré de Malberg souligne que « la Nation est un vouloir vivre collectif, un plébiscite de tous les jours ». La démocratie impose un jeu politique qui impose la prise en compte des valeurs de solidarité au nom de l'unité de la Nation. La logique du marché est tout autre, elle est sélective et donc exclusive, notamment au nom du critère d'efficacité. Si pendant les décennies d'après-guerre, l'aspect collectif et social a été privilégié ; le renversement de politique économique du milieu des années 1980 a conduit à valoriser les notions de rationalité et d'efficacité, comme dogmes du discours et des décisions politiques, renforçant l'individualisme dans la société.

Une deuxième rupture intervient entre l'Etat et le peuple. Si dans l'article 2 de la constitution de la V° République, il est écrit que « La démocratie, c'est le gouvernement du peuple, par le peuple et pour le peuple », il apparaît aujourd'hui un réel écart entre les gouvernants et les gouvernés. D'ailleurs, le premier ministre E. Philippe, dans sa déclaration du 9 avril 2019, constate qu' « un mur de défiance sépare les français de leurs représentants (élus, fonctionnaires, syndicalistes, journalistes) ». Le peuple ne se sent plus ni représenté, ni même écouté par des groupes ou des entités, d'où sa méfiance croissante et sa volonté de trouver un autre moyen d'exprimer ses envies et son insatisfaction. E. Philippe constate encore que « Né d'un malaise profond de nos compatriotes, le mouvement des gilets jaunes exprime notamment un besoin de considération et de reconnaissance, une volonté d'être associé à la décision au lieu de la subir ». Le peuple veut reprendre en main son avenir, ses choix fondamentaux, se redessiner un avenir collectif. Cette maitrise lui est d'autant plus nécessaire que l'incertitude monte dans la société (la place de chacun d'entre nous, la fonction, le revenu, ...).

Une troisième rupture apparaît entre la Nation et la société. André Malraux affirmait que « la Nation est l'émanation de souvenirs communs partagés en vue d'offrir un destin commun ». C'est « une communauté de rêve ». Or, la société aujourd'hui est de plus en plus une agrégation de groupes dont les finalités peuvent converger, mais aussi diverger. C'est un ensemble d'individus présents et aux volontés multiples. Un simple exemple peut être pris pour expliquer ces divergences. Sur le plan économique, les porteurs de capitaux voient l'aspect bénéfique de l'ouverture des frontières et de la mondialisation puisqu'ils vont bénéficier d'opportunités nouvelles. Les offreurs de travail voient l'aspect négatif de cette ouverture puisque de nombreux emplois disparaissent en conséquence. Sur le plan politique, l'immigration devient un élément central de divergence entre les groupes. Les porteurs de capitaux vont employer de la main-d'œuvre à moindre coût, alors que les offreurs de travail subissent les difficultés liées à l'emploi et au chômage et la baisse des rétributions. Plus l'hétérogénéité dans la société s'accroît, plus les « souvenirs communs » s'estompent et plus la notion de Nation ou de « destin commun » devient obsolète.

A cette triple rupture s'ajoutent des problèmes de fonctionnement de la démocratie.

Le premier est un problème de clarté de la politique menée en France. Sur le long terme (le dernier demi-siècle), une confusion politique s'est progressivement instaurée. Des gouvernements, dits de droite, ont mené une politique keynésienne (gouvernement de J. Chirac en 1975), alors que des gouvernements, dits de gauche, ont progressivement dérégulé les marchés de façon à libéraliser les ajustements économiques (gouvernement de L. Fabius à partir de 1983). Ces changements paradoxaux n'ont pas été expliqués, voire même ont été cachés, aux citoyens, consacrant le début de la rupture entre le monde politique et la société civile.

Le deuxième problème concerne la manipulation politique préélectorale. Le discours politique, avant les élections, a pour objectif de flatter l'électeur en élucidant le plus souvent les problèmes auxquels la société est aujourd'hui confrontée. Le discours repose sur une vision édulcorée de la réalité et choque souvent avec la politique menée ex-post, bien souvent récessionniste. Un parti ne peut pas être élu sur un programme et l'ignorer délibérément après les élections.

Le troisième problème provient des scandales et de la corruption qui entourent quelques personnalités du monde politique. Ces dernières apparaissent comme bénéficiant d'une immunité leur permettant de continuer d'exercer leur fonction politique et comme soutenues par d'autres instances publiques (monde judiciaire) ou privées (journalistes)[54].

---

[54] L'exemple de la mise en examen de R. Ferrand, Président de l'Assemblée Nationale, ne peut qu'accroître ce sentiment d'immunité des politiques dans la société.

Tout cet environnement de la vie politique ne fait qu'accroître la méfiance des citoyens vis-à-vis de leurs représentants.

Pourtant, l'Etat est essentiel dans la vie d'une société. L'économiste A. Wagner avait, en 1883, souligné le rôle croissant de l'Etat dans les étapes du développement des économies. Les théories libérales ne remettent pas en cause le bien-fondé de son action et notamment par la production de biens collectifs nécessaires à l'accompagnement de la croissance économique. Les biens sous tutelle (éducation, santé) montrent la nécessité de l'intervention étatique car sa défaillance en ces domaines conduirait à une détérioration de l'environnement de l'activité économique d'un pays et donc à une diminution des revenus individuels et collectif.

Toutefois, la production de biens collectifs pose de nombreuses questions, à savoir :

La première est une réelle difficulté pour l'Etat d'appréhender les préférences et les dispositions à payer des citoyens. Que veulent les citoyens en matière de biens collectifs ? Quel sacrifice financier sont-ils prêts à faire individuellement pour arriver au niveau de service public exigé par la population. C'est à l'Etat de traiter les incohérences possibles et d'expliquer celles-ci. La production de masse et l'hyper consommation vont à l'encontre de la protection de l'environnement. L'Etat doit faire et expliquer les choix. L'abandon des normes actuelles de production et de consommation conduit nécessairement à une baisse du niveau de vie et donc à une plus grande redistribution du revenu global.

La deuxième question porte sur les comportements de « passager clandestin » à l'intérieur de la société. Ces comportements ont tendance à se développer au cours du temps et asphyxient progressivement le système décisionnel public et privé. Il est difficile de dire comme Adam Smith que les agents économiques sont des êtres parfaitement moraux. Beaucoup espèrent pouvoir accéder à un ensemble de services collectifs sans y contribuer, reportant sur les autres les coûts. Là encore, seul l'Etat peut intervenir pour débloquer la situation au nom de l'intérêt général.

De nombreuses voix à l'encontre d'un Etat « Léviathan » se sont élevées, visant à le réduire, voire le faire disparaître pour donner un rôle accru de régulateur au marché. Certaines analyses ont insisté sur le côté bureaucratique de l'organisation étatique qui implique des coûts de fonctionnement élevés et une faible productivité des facteurs, voire le développement d'une certaine corruption interne. D'autres montrent l'impact négatif du poids de l'Etat conduisant à une moindre croissance économique par inhibition des actions du secteur privé.

Enfin, la courbe d'A. Laffer synthétise également la critique de l'action de l'Etat en mettant en évidence l'idée que « trop d'impôt tue l'impôt ». Une conclusion intéressante à cette analyse est qu'il existerait un taux optimal d'imposition n'impactant pas de façon significative l'économie. Cependant, ce taux est variable dans l'espace, dans le temps et en fonction de la structure de l'imposition.

Des analyses plus radicales prônent la suppression de l'Etat et son remplacement par le marché. L'anarcho-capitalisme est un système doctrinal qui, s'il était mis en place, conduirait n'importe quelle société au chaos et à sa destruction. Il est permis actuellement par les stratégies des très grands groupes qui se développent par la mondialisation et la globalisation financière. Ce système mènerait à une forme d'oppression, voire de tyrannie, et présente beaucoup plus d'effets négatifs que d'avantages pour la majeure partie de la population.

Le marché répond à une problématique de court terme et ne donne des réponses que pour ce même horizon temporel. Il n'a donc aucune vision collective et repose sur des principes de sélection et d'exclusion. Les évolutions socioéconomiques à partir des années 2000 montrent une croissance des inégalités dans les sociétés et une marginalisation de certains groupes à l'intérieur de celles-ci.

Cependant, bon nombre d'individus cherchent à se protéger ou à protéger les autres de ces évolutions socioéconomiques et, de ce fait, à reconstruire une société soumise à la fois à une dilution de l'Etat et de la Nation et à un renforcement des mécanismes de marché. La montée du secteur associatif répond à cette préoccupation. Force est de constater que plus l'Etat recule et plus le monde associatif se développe. Par le biais des associations, la société civile tente de reprendre ses droits en développant une plus grande solidarité en son sein.

L'analyse des concernements collectifs révèle les comportements altruistes de certains individus et notamment ceux qui concernent les grandes causes : l'environnement, les maladies rares, le patrimoine, ... Les associations permettent de mobiliser un ensemble plus vaste de la population avec un objectif clairement défini, reconnu et motivé collectivement. Ce secteur dit « non profit » devient complémentaire à l'action de l'Etat, mais aussi peut aussi se substituer à un Etat jugé « défaillant », s'interprétant alors comme une tentative de réorganisation du fonctionnement de la société, se détachant de plus en plus des canaux officiels et visant à recréer un fonctionnement plus juste, plus égalitaire, plus collectif.

Il peut en ressortir un nouveau paradigme socioéconomique issu « du peuple et pour le peuple », déstructurant l'ancien, obsolète compte tenu de la volonté des citoyens et de l'ambition donnée à la société. Même si cette orientation s'affirmait et présenterait au moins l'avantage de mobiliser la société autour d'un projet commun, elle ne serait pas sans risque puisque loin aujourd'hui de la logique dominante dans le monde qu'est la logique de marché.

C'est pourquoi l'Etat doit se réinvestir dans la conduite de la société :

- L'Etat doit reprendre son rôle délaissé peu à peu et depuis trois décennies au marché pour redéfinir les grandes évolutions de la société. Le marché à une vision à court terme basée sur l'efficacité et est exclusif. L'Etat a une vision à moyen et à long termes, fondée sur les principes d'efficacité et de justice. L'élaboration d'un plan à divers horizons temporels et sur différents espaces (pays, Europe, ..) redevient nécessaire pour amortir les effets suscités par les turbulences économiques, financières, politiques, voire militaires.

- L'Etat doit garder son rôle économique sur son territoire et ainsi proposer une offre de biens publics gratuits ou quasi-gratuits. L'éducation, la santé, les infrastructures sont des sources de développement d'une société ; les « marchandiser » totalement conduirait à un déclin de notre société en la segmentant entre ceux qui peuvent s'offrir ces biens et ceux qui ne peuvent y accéder. L'Etat doit veiller à l'efficacité globale de l'économie tout en ayant une politique juste vis-à-vis de ses citoyens.

- L'Etat et ses dirigeants doivent être irréprochables. Ils ne doivent pas diviser mais rassembler l'ensemble des citoyens autour d'un projet commun, d'une vision commune de l'avenir de notre société. Ils ont besoin pour réussir que le peuple adhère à ce projet au-delà même des élections. C'est pourquoi, il est important que les élus conduisent la politique qu'ils ont proposé antérieurement au vote, qu'ils soient indemnes de toute présomption de fraude, de corruption, … qu'ils soient soumis aux mêmes règles ou traitements que le simple citoyen.

Bibliographie :

A. ALESINA (1987), « Macroeconomic Policy in a two-party system as a repeated Game », Quarterly Journal of Economics, 102, p. 651-678.

A. ALESINA, N. ROUBINI, D.G. COHEN (1997), Political Cycles and the Macroeconomy, Cambridge, MIT Press.

C. ANDRE , R. DELORNE (1995), *L'Etat et l'économie, un essai d'explication de l'évolution des dépenses publiques en France*, Paris, Seuil.

R. BACON, W. ELTIS (1976), *Britain's Economic Problem : Two few producers* ; Mac Millan

R.J. BARRO (1990), Government Spending in a Simple Model of Endogenous Growth, Journal of Political Economy Vol. 98, n°5, p.5103-5125

W.J. BAUMOL (1965), "*Welfare Economics and the Theory of the State*", 2° eds.

F. BASTIAT (1844 - 1848) Le journal des économistes et *Harmonies économiques*

C. de BOISSIEU (1980), *Principes de politique économique,* Economica

J.M. BUCHANAN (1965), *An Economic Theory of Clubs*, Economica, 32, 125, p.1-14

J.M. BUCHANAN, G. TULLOCK(1962), The Calculus of Consent, University of Michigan Press

M. BACACHE BEAUVALLET (2008), « Les cycles politiques », Idées économiques et sociales, vol.151, n°1, pp.10-17

S. CARE (2009), *La pensée libertarienne : Génèse, fondements et horizons d'une utopie libérale*, PUF, Fondements de la politique.

P. CHARREAUX, A. COURET (1987), *De nouvelles théories pour gérer l'entreprise*, Economica

G. DUTHIL (1993) *Les politiques salariales en France*, p.120, L'Harmattan.

G. DUTHIL (2006), *Economie de l'emploi et des ressources humaines*, p. 204, L'Harmattan.

G. DUTHIL (2012) « L'économie russe : entre déséquilibre et croissance retrouvée », Editions de l'Université de Lobatcheski, Nizni-Novgorod, 110 p, Russie

A. DUTHIL, G. DUTHIL (2019), « Solidarité intergénérationnelle environnementale », Colloque Les solidarités, Montauban, 16-18 septembre.

J.-P. FITOUSSI (1995), *Le débat interdit : monnaie, Europe, pauvreté*, Paris, Arléa

D. FRIEDMAN (1992), Vers une société sans Etat, Les belles lettres, Paris

F.A. HAYEK (1953), *Scientisme et Sciences Sociales*, Paris, Plon

P.-Y. HÉNIN (1987), *Indexation des salaires: fondements et implications macroéconomiques*, Paris Economica.

C. HIBBS (1977), « Political Parties and Macroeconomic Policy », American Political Science Review, 71, 1467-1487.

C. HIBBS (1987), *The American Political Economy*, Cambridge, Harvard University Press.

M. JENSEN, W. MECKLING (1976), Theory of the firm : managerial Behavior, Agency Costs and Ownership Structure, Journal of Financial Economics, october

J.D. LAFAY (2016), « Economie politique de la corruption », Revue internationale et stratégique, vol.101, n°1, pp.91-99.

P.J. LEHMANN (2017), *Les fondements du libéralisme économique : l'origine de la pensée libérale en France* ; ISTE éditions.

P. LEMIEUX (2013), *Du libéralisme à l'anarcho-capitalisme* : trente ans plus tard, Que sais-je ?

R. LUCAS (1988), "On the Mechanics of Economic Development", Journal of Monetary Economics", 22, janv., p3-42

L. MONNIER (2007), « Altruisme et rationalité économique : compassion, engagement et logiques associatives », Revue Economie et Solidarités, Ciriec-Canada

L. MONNIER (2001), « Périmètre de solidarité et recherche de l'intérêt général », Revue Economie et Solidarités, Presses de l'université du Québec, vol.32, n°1-2, Canada

R. NOZICK (1974), *Anarchy, State and Utopia*, Oxford, Basil Blackwell

W.D. NORDHAUS (1975), « The Political Business Cycle », Review of Economic Studies, 42, p.169-190.

M. OLSON Jr. (1965), *The Logic of Collective Action. Public Goods and the Theory of Groups*, Harvard University Press.

M. OLSON (1978), *La logique de l'action collective*, Paris, PUF

V. PARETO (1896), Essai sur la courbe de la répartition des richesses, Recueil, Université de Lausanne, Genève

T. PERSSON, G. TABELLINI (1990), *Macroeconomic Policy, Credibility and Politics*, London, Harwood.

K. ROGOFF (1988), « Comments on macroeconomics and politics », NBER Macroeconomic Annual, Cambridge, MIT Press.

K. ROGOFF, H. SIEBERT (1988), « Elections and Macroeconomic Policy Cycles », Review of Economic Studies, 55, p. 1-16.

P. M. ROMER (1986), "Increasing Returns and Long Run Growth", Journal of Political Economy , October

P. M. ROMER (1990), Endogenous Technological Change, Journal of Political Economy, October.

M. ROTHBARD (1994), L'éthique de la liberté, Les belles lettres, Paris.

M. ROTHBARD (2007), The Betrayal of the American Right, L. von Mises Institute.

P.A. SAMUELSON (1954), « The Pure Theory of Public Expenditure », Review of Economics and Statistics, 30, 4, p.36-44.

P.A. SAMUELSON (1955), « Dagrammatic Exposition of a Theory of Public Expenditure », Review of Economics and Statistics, 37, 4, p.350-356

J.B. SAY (1803), *Traité d'économie politique*

P. SALIN (2000), *Libéralisme*, éds Odile Jacob, Paris

A. SMITH (1776), *Enquêtes sur la nature et les causes de la richesse des nations*

J. A. SCHUMPETER (1939), *Business Cycles*, Mac Graw Hill, New-York

J. A. SCHUMPETER (1942), *Capitalisme, Socialisme et Démocratie*, Payot, Paris

E. STRINGHAM (2007), *Anarchy and the Law : The Political Economy of Choice*, Transaction Publisher

G. TERNY (1971), *Economie des services collectifs et de la dépense publique*, Economica

G. TERNY, R. PRUD'HOMME (1996), *Le financement des équipements publics de demain*, Dunod

A. WAGNER (1883), Three extracts on public finance, in R. Musgrave and A.T. Peacock (1958), *Classics in the theory of Public Finance*, Macmillan

B. WEISBROD (1988), Nonprofit Economy, Harward University Press

C. ZORGBIBE (1993), Histoire de la construction européenne », p.319

Plan détaillé

Index des tableaux

Revue « Marché et Organisations »
L'Harmattan

Cahiers d'économie et de gestion thématiques dont le but est de promouvoir la recherche originale sur les relations de plus en plus étroites qui se tissent entre le marché et les organisations. Les acteurs économiques de taille, de puissance et de pouvoir différents dont les intérêts peuvent être convergents, complémentaires ou, le plus souvent, antagoniques, ont tendance à organiser les marchés. La raison du marché, pourtant, est la référence stratégique pour l'entreprise ainsi que pour les institutions publiques de décision économique.

Numéros parus :

N°1 : Artisanat. La modernité réinventée, 2006
N°2 : La petite entreprise, elle a tout d'une grande. De l'accompagnement aux choix stratégiques, 2006
N°3 : Tourisme et Innovation. La force créative des loisirs, 2007
N°4 : Le travail. Formes récentes et nouvelles questions, 2007
N°5 : Les universités et l'innovation. L'enseignement et la recherche dans l'économie des connaissances, 2007
N°6 : Entrepreneuriat et accompagnement. Outils, actions et paradigmes nouveaux, 2008
N°7 : Développement durable des territoires. Economie sociale, environnement et innovations, 2008
N°8 : Développement durable et responsabilité sociale des acteurs, 2009
N°9 : Gouvernance : exercices de pouvoir, 2009
N°10 : Le travail collaboratif. Une innovation générique, 2009
N°11 : Economie sociale et solidaire. Nouvelles trajectoires d'innovations, 2010
N°12 : Relations à la marque et marques de la relation. Regards croisés sur le management relationnel de la marque, 2010
N°13 : Les contrats au service de la recherche ?, 2011
N°14 : Le potentiel économique de l'Afrique subsaharienne, 2011
N°15 : Management de la distribution, 2012
N°16 : Territoire Vert. Entreprises, Institutions, Innovations, 2012
N°17 : Eco-conception, conception et innovation. Les nouveaux défis de l'entreprise, 2013
N°18 : Intelligence économique : entreprises et territoires, 2013
N°19 : La finance globale. Un monde fini, 2013
N°20 : La crise du « développement », 2014
N°21 : La Chine innove. Politiques publiques et stratégies d'entreprise, 2014
N°22 : Go East! Nouvelles Economies de Marché, 2015
N°23 : L'économie du changement, 2015
N°24 : Le temps des artisans. Permanences et mutations, 2015
N°25 : Innovations de proximité et esprit d'entreprise, 2016
N°26 : L'avenir des économies du Maghreb : entre inertie structurelle et envie de rupture, 2016/3 (n° 27)
N°27 : Le sport aux frontières du marché du travail, 2016
N°28 : Dynamiques internationales des entreprises, 2017
N°29 : L'univers du risque, 2017
N°30 : Les petites entreprises dans l'histoire industrielle, 2017
N°31 : Economie sociale et *social business* ? Au défi d'entreprendre et se financer, 2018
N°32 : Éducation et fertilisation des économies africaines, 2018
N°33 : L'entrepreneuriat innovant dans les pays du Maghreb, 2018
N°34 : L'entrepreneuriat scientifique : institutions et innovation, 2019
N°35 : Le champ économique de la culture, 2019

Collection « L'esprit économique »

fondée par Sophie Boutillier et Dimitri Uzunidis en 1996

Dernières parutions

► ***Série Economie et Innovation***

M.-J. POLLET-VILLARD, *L'innovation dans les services. Cadre d'une analyse dynamique fondée sur les réseaux*, 2017.
B. CHRISTOPHE, *La décroissance écologique transforme l'entreprise*, 2017.
G. ACHERMANN, *Territoires d'innovation en Russie, Ambitions et contraintes d'une politique de clusterisation*, 2018.
C. ABDOU LAHAD THIAW, *Innovation localisée pour le développement économique du Sénégal*, 2018.
N. ANIDO FREIRE, *Tradition et innovation : de l'opposition à la complémentarité*, 2018.
C. BERGHMANS (dir.), *Intelligence et compétences émotionnelles en entreprise : perspectives multiples*, 2018.
T. MICHAUD, *La réalité virtuelle : de la science-fiction à l'innovation*, 2018.
B. LAPERCHE, M. LIMA, E. SEULLIET, B. TROUSSE (dir.), *Les écosystèmes d'innovation. Regards croisés des acteurs clés*, 2019.

► ***Série Le Monde en Question***

C. BASTIDON, O. GBAGUIDI A. GHOUFRANE, A. SILEM (dir.), *Commerce, investissement et développement durable en Afrique*, 2017.
L. BOURQUIN, *Europe 3.0 : le grand réveil*, 2017.
A. ROSOWSKY, *De l'économie de pillage a la société désagrégée, un essai sur la révolution thatchérienne*, tomes 1 & 2, 2017.
M. AMAN, *Currency board* (caisse d'émission) à Djibouti. Quelles implications économiques ?, 2018.

► ***Série Krisis***

R. GOODFELLOW, *Le cycle des crises aux États-Unis depuis 1929. essai de systématisation de la conjoncture*, 2016.
M. LAUDET, *Aux origines de l'économie politique : Antoine de Montchrestien et son « traicte de l'oeconomie politique »*, 2016.
J. HUERTA DE SOTO, *La théorie de l'efficience dynamique*, 2017.
Y. LEVANT, S. TREBUCQ, *Théorie comptable et sciences économiques du XVe au XXIe siècle, mélanges en l'honneur du professeur Jean-Guy Degos*, 2018.
M. WIELEZYNSKI, *Retour sur l'origine du profit : et si l'économie changeait de paradigme…*, 2018.
G. MINART, *Benjamin Constant, économiste*, 2019.

► **Série *Clichés***

S. BOUTILLIER, D. UZUNIDIS (dir.), *La Russie européenne. Du passé composé au futur antérieur*, 2008.
R. VOLPI, *La négociation. Pain, paix, liberté*, 2009.

► ***Série Cours Principaux***

J.-P. MOCKERS, *Court traite d'économie et de politique économique*, 2016.
P.-Y. CARASCO, Prix de transfert et stratégies d'optimisation fiscale de la firme multinationale, 2017.
O. ESNEU, *Fondements de droit. Manuel d'initiation*, 2018.
B. LANDAIS, *Les fluctuations économiques, une synthèse nouvelle*, 2017.
S. FREZAL, *Quand les statistiques minent la finance et la société. Risque, responsabilité et décision*, 2018.
O. ESNEU, *Le droit du transport routier de marchandises (TRM)*, 2018.

► ***Série L'économie formelle***

F. BISMANS, *La grande récession : un autre regard sur des temps troubles (2007-2013)*, 2016.
B. SCHWENGLER, *De l'inflation à la dette publique : analyse des discours politiques*, 2016.
S. PARK, *Les abus de puissance économique dans les relations commerciales déséquilibrées*, 2018.
C. JADEAU, *La Finance inclusive. Manuel du post-capitalisme financier*, 2019.
A. BELMADANI, *Monnaie et systèmes de paiement. Mutations, enjeux et risques*, 2019.

Structures éditoriales du groupe L'Harmattan

L'Harmattan Italie
Via degli Artisti, 15
10124 Torino
harmattan.italia@gmail.com

L'Harmattan Hongrie
Kossuth l. u. 14-16.
1053 Budapest
harmattan@harmattan.hu

L'Harmattan Sénégal
10 VDN en face Mermoz
BP 45034 Dakar-Fann
senharmattan@gmail.com

L'Harmattan Cameroun
TSINGA/FECAFOOT
BP 11486 Yaoundé
inkoukam@gmail.com

L'Harmattan Burkina Faso
Achille Somé – tengnule@hotmail.fr

L'Harmattan Guinée
Almamya, rue KA 028 OKB Agency
BP 3470 Conakry
harmattanguinee@yahoo.fr

L'Harmattan RDC
185, avenue Nyangwe
Commune de Lingwala – Kinshasa
matangilamusadila@yahoo.fr

L'Harmattan Congo
67, boulevard Denis-Sassou-N'Guesso
BP 2874 Brazzaville
harmattan.congo@yahoo.fr

L'Harmattan Mali
Sirakoro-Meguetana V31
Bamako
syllaka@yahoo.fr

L'Harmattan Togo
Djidjole – Lomé
Maison Amela
face EPP BATOME
ddamela@aol.com

L'Harmattan Côte d'Ivoire
Résidence Karl – Cité des Arts
Abidjan-Cocody
03 BP 1588 Abidjan
espace_harmattan.ci@hotmail.fr

L'Harmattan Algérie
22, rue Moulay-Mohamed
31000 Oran
info2@harmattan-algerie.com

L'Harmattan Maroc
5, rue Ferrane-Kouicha, Talaâ-Elkbira
Chrableyine, Fès-Médine
30000 Fès
harmattan.maroc@gmail.com

Nos librairies en France

Librairie internationale
16, rue des Écoles – 75005 Paris
librairie.internationale@harmattan.fr
01 40 46 79 11
www.librairieharmattan.com

Librairie l'Espace Harmattan
21 bis, rue des Écoles – 75005 Paris
librairie.espace@harmattan.fr
01 43 29 49 42

Lib. sciences humaines & histoire
21, rue des Écoles – 75005 Paris
librairie.sh@harmattan.fr
01 46 34 13 71
www.librairieharmattansh.com

Lib. Méditerranée & Moyen-Orient
7, rue des Carmes – 75005 Paris
librairie.mediterranee@harmattan.fr
01 43 29 71 15

Librairie Le Lucernaire
53, rue Notre-Dame-des-Champs – 75006 Paris
librairie@lucernaire.fr
01 42 22 67 13

www.ingramcontent.com/pod-product-compliance
Lightning Source LLC
LaVergne TN
LVHW021222061026
849535LV00008B/2866

* 9 7 8 2 3 4 3 1 8 5 8 6 6 *